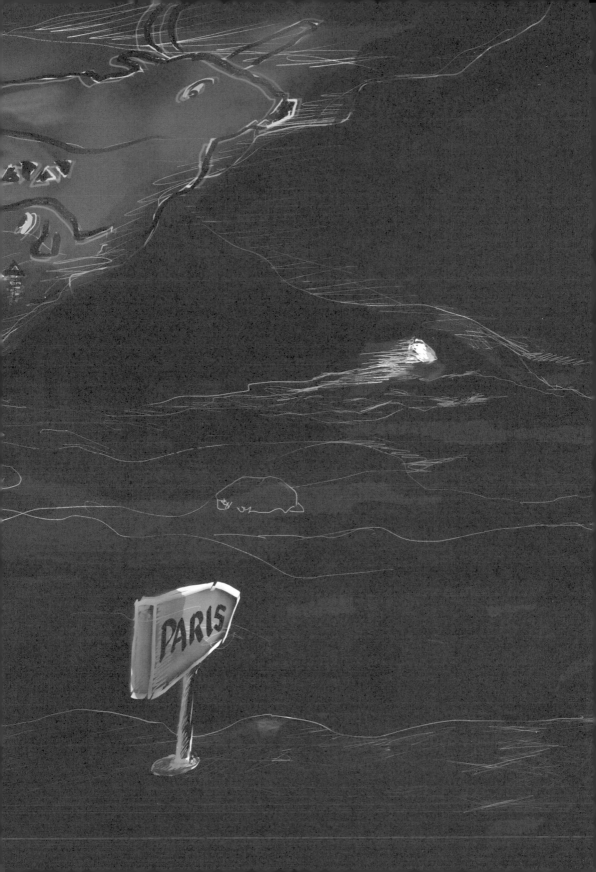

法蘭西島漂流記

一個台灣太太的新故鄉狂想曲

UNE NAUFRAGÉE EN ÎLE DE FRANCE

米香——圖/文

Table des matières
目錄

Prologue

漂流從這裡開始……
Une île nommée France?

火腿起司三明治 —————— 014
Sandwich jambon fromage

法蘭西為什麼是一個島 —————— 020
Une île nommée France?

小水手納西斯 —————— 028
Le mousse Pelletier

CHAPITRE

I

哈累大國民

Je râle, donc je suis

哈累大國民 ——————————— 046
Je râle, donc je suis

有拜有保庇 ——————————— 054
Reprendre c'est voler

早餐的甜與鹹 ——————————— 060
Petit déjeuner continental

你好，親親 ——————————— 068
On se fait la bise?

法國人喝涼水 ——————————— 074
Les grenouilles n'aiment pas l'eau tiède

是湯？是汁？ ——————————— 082
Soupe ou Jus?

雞同薯講 ——————————— 090
Quand le coq rencontre la patate

國慶煙火 ——————————— 098
Feu d'artifice du 14 Juillet

八月空城計 ——————————— 104
Exode en Août

CHAPITRE
2

米氏浪漫

Le temps du pèlerinage

追求逝去的獎品書 —————— 114
A la recherche du livre gagné

「我丟了我的袋子，
在一條沒有出口的巷子」———— 124
J'ai perdu mon sac dans un cul de sac

巴黎馬戲團 —————————— 134
Cirque de Paris

悼紅玫瑰 —————————— 144
Ballade pour une rose

在敏樂大媽家那邊 —————— 150
Du côté de chez la mère Mineur

朝聖時光 —————————— 170
Le temps du pèlerinage

河狸鼠 ——————————— 176
Les ragondins

夕陽無限好，只是看不到 —— 180
Le coucher de soleil

沙丘 ———————————— 190
La dune

CHAPITRE

3

塞納河狂想曲

Rhapsodie au bord de la Seine

純咖啡 —————————— 202
Le Pure Café

塞納河狂想曲 —————— 210
Rhapsodie au bord de la Seine

搭 ————————————— 214
La solitude d'un dragueur interstellaire

孚日廣場的等待 ————— 218
Place des Vosges

瑪德蓮過道 / 過道之光————— 220
Passage de la Madeleine et ses lumières

芭蕾舞者和樂團指揮————— 226
Le danseur et le chef d'orchestre

餐館老闆和英國客人————— 228
Le restaurateur et le client anglais

方尖碑 —————————— 230
Obélisque de Louxor

莉莉絲 —————————— 238
Lilith

嘎咕鬼 —————————— 244
Les gargouilles

心靈的小販 ———————— 250
Les bouquinistes

CHAPITRE

4

猩
光
燦
爛

Le firmament de mon fils

米氏幽默 ———————————— 262
Tel père tel fils

英國甜點 ———————————— 276
Dessert britannique

猩式邏輯 ———————————— 280
l'âge de raison

童話猩解 ———————————— 290
La moralité de cette histoire est…

失竊記 ———————————— 308
La Nuit des voleurs

逃票記 ———————————— 328
Confession d'une fraudeuse

CHAPITRE

5

Happy together

疫起來快樂

平等之春 ———————————— 338
Le Printemps de l'égalité

菲利普場的桃花源 ————————— 354
Aux Champs Philippe

共和國大道神祕跳電事件 ————— 368
Enigme du Bd de la République

PROLOGUE

漂　流
從　這　裡　開　始 ……

Une île nommée France?

火腿起司

三明治

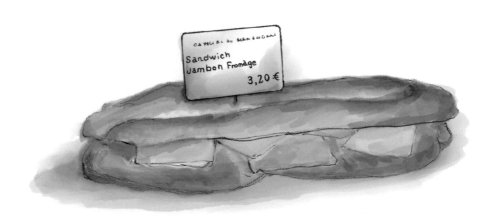

嗨！我是米香，台灣女生。我的先生米線（音譯，別大驚小怪）是法國人，我們住在巴黎郊區的一個小鎮上。我們有一個男孩，小名叫做猩哥。

法語管膚色不同的夫妻叫「混合配」，但米線老愛開玩笑地說我們是「火腿起司」。因為法國的麵包店裡有一種「混合三明治」，專指夾了火腿和起司的，別種配料夾在一起還不叫混合呢！混合三明治中黃色乾酪和巴黎白火腿，就像我們這個亞洲和歐洲的混合二人組。

那時，孤家寡人的米線中午常買三明治充飢，尤其是火腿起司口味。他最常去光顧公司樓下一個中國人開的三明治小店，因為那裡賣的三明治既便宜又不難吃。中國老闆的法語不太靈光，但比手畫腳還是可以做做小生意。有陣子，小店歇業了好一段時間，等到店家再度開張時，店後面多了一個也許是和老闆同鄉的女人坐在那兒。又過了一年，女人懷裡多出了一個小嬰兒。店前頭賣三明治的男人工作得更起勁了，當男人伸手將火腿起司三明治遞給米線，並祝他胃口大開時，他的聲音聽起來和那女人小孩到來之前是如此不同。

米線坐在公司旁的小公園嚼著他的午餐。三明治小店後面那位年輕的亞洲女性正俯視著嬰兒的側臉，這個畫面讓米線想起小時候媽媽在牆上掛過一本月曆，月曆上的圖片是一座日本庭園和一個穿和服的女人，細緻的五官加上一頭黑髮，有一股令他說不出的神祕和嚮往。

蝴蝶效應

那天晚上，米線打開電腦，在搜尋引擎上鍵入「交友網站」的關鍵字後遲疑了一下，接著他對自己說：「為什麼不呢？」便按下了輸入鍵。

而世界的另外一邊，剛從法國學成歸國的我坐在台北的辦公室裡，除了工作沒有任何社交活動，正思量何不找個法語人士當筆友來維持自己的法語程度。

我們就是這樣遇到的。一見如故。之後一切順理成章：遠距、很多很多電話費（對，那個時候還沒有網路電話）、兩地奔波、結婚、小孩來報到。

火腿起司被夾在一起後的日常，和別種配料的家庭生活一樣，有和諧有衝突，有歡喜有悲傷。米線法國基因裡的天真浪漫和愛發牢騷，常讓我一下好氣又好笑，而我那台式味蕾製作出的美食也常令米線無法下嚥。法國社會有許多我無法理解或認同之處，但亦在不知不覺中逐漸被這個第二家鄉馴養。就像猩哥八歲時曾有人問他是不是「半個法國人，半個台灣人」，他回答：「我是一個台灣人和一個法國人，我是兩種人！」並反問：「沒有人規定我們只能是一種人吧？」。

這句話一直令我心有戚戚焉。

現在，猩哥已經長大到會提出各式各樣的人生大哉問了，這天的早餐桌上，他問巴巴：「你這輩子做過最好的一個決定是什麼？」

米線說：「按下那個輸入鍵。」

法蘭西

——為什麼是一個島？

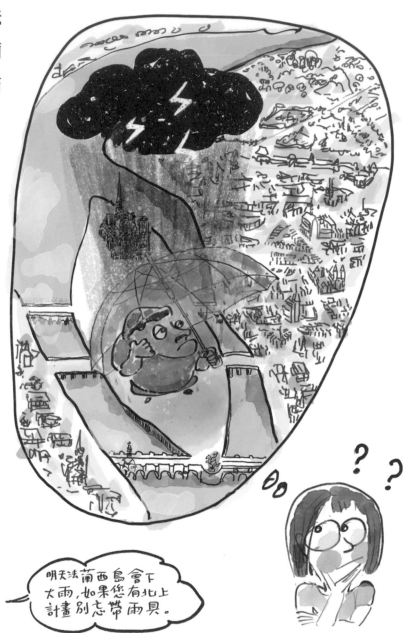

許多年前，當我還在南法求學時，每當電視氣象報到「法蘭西島」（Île-de-France）這個地名時，我總感到納悶，因為能以堂堂國號為名的，想當然爾是巴黎市中心塞納河上的西堤島囉？但就算它是巴黎的起源地，上頭矗立著巴黎聖母院，有需要特別為一個面積僅零點二平方公里小島作天氣預報嗎？

　　之後返台工作，有個法國人傳交友邀請給我，上面說他住在「法蘭西島」，我腦海裡浮現的是：鐘樓怪人的鄰居。

　　「喔不，」這位網友在一萬七千公里外急急忙忙打字澄清的聲音若隱若現：「法蘭西島不在巴黎市中心，而是巴黎四周那幾個省分聯合起來組成的行政大區的名字。」

　　明明距離最近的海邊還有兩百多公里，怎麼看都跟島扯不上關係的地方，為什麼取一個這樣的名字？

　　法蘭西學院的線上字典：凡被水包圍的陸地都叫島（île），這水可以是洋、海、湖或河渠。法蘭西島一地水文發達，大者有塞納河、馬恩河、瓦茲河和愛森河，只是這幾條河的流法怎麼看都不像有要把法蘭西島包圍起來的意思。

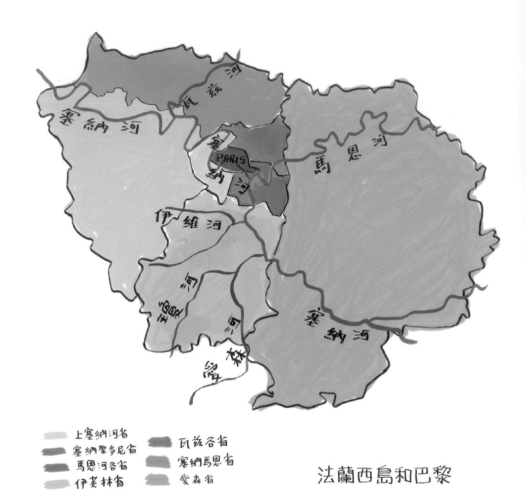

上塞納河省
塞納聖多尼省
馬恩河谷省
伊芙林省
瓦茲谷省
塞納馬恩省
愛森省

法蘭西島和巴黎

　　語言學家有另外一個說法，他們認為 Ile de France
是從古法蘭克語 Liddle Franke（小法蘭西）轉變而來的，
因為法蘭克人自五世紀入侵高盧之後即在此地定居。
這個解釋顯然有年代錯誤的問題，因為 Ile de France
這個名稱最早出現於十四世後半葉詩人傅華薩（Jean
Froissart）的《大事紀》中，而彼時古法蘭克語早已失
傳。

首善地區的命名之爭

　　法蘭西島作為行政區的名字，也是一九七六年以後的事情。在此之前，巴黎都會區及其腹地統稱「巴黎地區」，雖然當年經過熱切的政治攻防之後是法蘭西島獲得國會多數票通過，但現代法語中法蘭西島與巴黎地區實為同義詞，後者甚至更為常用。

不然這樣好了，我們把這個地方命名為 "哈樂地"（Râleurdie）如何？哈樂們的地盤。

※哈樂一詞的原由請見本書第 47 頁。

　　看來，要解釋法蘭西島為什麼是一個島，不能從地貌，也不能從語源學的角度出發。真正嚴謹的考據尚有待專家提出。不過就我個人主觀的感受，這個名字還會讓我想起另外一個地方，那就是印度洋上的小島模里西斯（Republic of Mauritius）。

非洲大陸

馬達加斯加

洋度印

法蘭西島
(模里西斯)

　　曾經是法國殖民地的模里西斯，舊稱法蘭西島。在十八世紀啟蒙時代作家貝爾納登（Jacques-Henri Bernardin de Saint-Pierre）的筆下，法蘭西島是遠在天邊的世外桃源，一個完美無瑕的熱帶島嶼，上面住著保羅和維珍妮，他們從小在大自然中成長，向大自然學習，並養成與自然完全和諧的德行。但後來維珍妮被送到法國本土去受教育，被迂腐的舊世界社會規範所汙染，結果當她乘坐的返鄉船隻發生海難沉沒時，她寧願淹死也拒絕把身上的禮服脫掉以便游泳逃生。

　　一七六八年，貝爾納登以植物學家的身分，滿懷理想來到了法蘭西島。但他追求一個未受文明汙染的天堂島的熱情很快被現實澆熄了。他看見土地炒作和濫墾已

經讓當地原始林和土壤出現嚴重的破壞，於是提出了史上第一個生態環境保護的計畫。他後來出版的小說《保羅與維珍妮》（Paul et Virginie），應該也是對大自然受文明和資本污染的嚴正抗議。

從鐘樓怪人聊到保羅與維珍妮，我和這位網友逐漸成為無話不談的好友，再變成戀人──也許法蘭西島這個名字令人感到如此浪漫而神祕，於是在生命的洋流中不知不覺地航向她，擱淺在她的沙灘上，夢想著在岸上找到新世界。

米線：「那妳是魯賓遜，我是星期五？」

我：「不，魯賓遜是殖民者，他想讓星期五認同他，變得跟他一樣。我比較像那個被丟包的小水手。」

在荷蘭人到來之前(1598)，法蘭西島曾經是多多鳥的快樂天堂。

小水手納西斯

　　西元一八五八年，法國船「聖保羅號」在新幾內亞東南海域撞到暗礁，擱淺在附近的小島上。船長決定放棄船上的「貨物」：三百名中國苦力，自己和船員連夜搭小艇到澳洲去求救。他們本不想帶上那個受傷的小水手納西斯・培勒提耶（Narcisse Pelletier），幸好這個十四歲少年夜裡睡到一半突然醒來，發現船長他們已經跳上船要開動了，連滾帶爬跟跟蹌蹌地奔過去，一面高喊：「等等我！等等我！」船長生怕驚動那些中國苦力，只好讓納西斯上船。

小水手納西斯被丟包的地點夜島，位於今日澳洲的大堡礁海洋公園境內。

他們一共在海上漂流了十二天，歷經了千辛萬苦，終於穿過珊瑚海，在澳洲約克角半島東北岸的夜島（Night Island）登陸。眾人又餓又渴，不料上岸後依然找不到食物飲水。納西斯因頭部和腳都受了傷，遠遠地落在隊伍的最後面，船長於是命他留在原地，等同伴去別處覓得飲水再來接他。

納西斯等了兩天，船長一行人卻再也沒有出現。少年意識到自己這次真的被丟包了。

納西斯害怕極了，他完全不曉得自己身處何方。他在樹林中遊蕩了一天一夜，餓了就採幾個看起來應該可以吃的果子果腹。

我：「你小時候會不會嚮往到外國去遊歷？」
米線：「會啊，我小時候可以對著那種上面
　　　印著和服女性的日本庭園月曆發呆老半天。」

　　一陣窸窣聲從草叢中傳出，納西斯呆住了，瞿然而視，和那隻從
草叢中鑽出來的動物四目相對。那是一條狗。跟著伴隨一陣更大的窸
窣聲，幾張臉從撥開的草叢中露了出來。小水手把手裡的果子往地下
一扔，連連後退。那幾個女人也突然嚇著，驚呼了起來，一面落荒而逃。

　　這下碰上食人族，納西斯覺得自己只剩死路一條了，但他的腳受傷，跑不動，內心驚懼萬分。他絕望地躺在森林裡，畢竟還是個孩子，忍不住嚶嚶地哭了起來。

　　不久又有人來了。這次是兩個男人，是剛才那幾個女人的丈夫。眼見這個顯然落單的白人小孩身受重傷，不可能對他們構成威脅，倒是他腰繫掛的那個白鐵杯子很有意思。雙方語言不通，納西斯見對方不像要傷害自己的樣子，鼓起勇氣招手要他們靠近，將杯子解下遞過來，並做出吃東西和喝水的動作，最後還從褲袋裡掏出一條手帕送給他們。這兩樣禮物讓雙方從此建立了一種緊密聯繫。二人決定將納西斯攜回部落照顧。

　　這兩個男人其中一名喚麻德滿，娶了二妻卻尚未有子嗣，表示願意收養納西斯，給他另取了一個名字，叫阿姆哥羅。

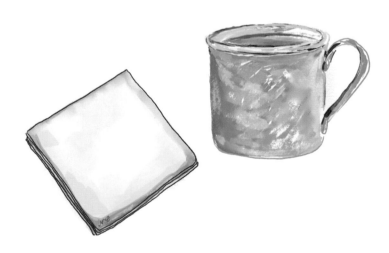

那兩個男人其中一個因為還沒有子嗣，表示願意收養
納西斯，給他另取了一個名字，叫阿姆哥羅。

　　就這樣，聖保羅號上被船長拋棄的小水手納西斯·
培勒提耶，從此成了汪達拉（Wanthaala）部落的少年阿
姆哥羅，他和他的新族人一起生活了十七年，學會他們
的語言和風俗，過著狩獵採集的原始部落生活。命運之
神並沒有拋棄他，而是給了他另外一個家，直到那艘多
事的英國商船注意到了他。

　　「約翰貝爾號」在那附近的海域出沒已有一算時間了，船上的船員偶然間發現某個小島上的土著居民中竟有一張歐洲人的臉孔，他們主觀的認為一個文明人絕對不可能心甘情願到野蠻人之中去生活，所以理應伸出援手，將他救出。但因為無法直接溝通，所以打算用綁架的。於是騙那原住民說，有禮物要送給他們，條件是一定要他們之中的某某親自來取。阿姆哥羅聽說對方指名要他前往，雖然不解卻也不疑有他，不料上對方小船之後，那些白人竟然把槍亮出來並喝令他不許亂動，同時將船加速駛離。

　　米線〔憤恨地握緊拳頭〕：「他們就不能不要打擾人家嗎！」

　　阿姆哥羅嚇得高聲呼救，那些綁匪不得不將他綑綁起來。上了母船之後，船員們試著跟他溝通，確認他不是英國人。船上有兩個隨船的博物學家，試著用歐洲各國語言探測他的反應，其中包括法語。於是那幾個音節，彷彿從很遙遠的地方漂洋越海而來似的，在納西斯的記憶邊緣靠了岸。

　　「是法國人！」船員們歡呼起來，他們成功地將一個同類從蠻荒之中解救出來，讓他能夠回歸文明。

數月後，他被送到雪梨的法國領事館。當年的領事西蒙後來回憶道：「我開始仔細地詢問他，他想對我說話，但嘴裡發出來的只是一些模糊的聲音，他了解到我可以聽懂他的話，但似乎也不知道自己在說什麼，他的眼神和表情充滿不安和焦慮。我不由得想起霍夫曼故事裡那個因失去影子，沒有了認同，而受到社會排擠的人。我多麼希望能夠馬上讓他知道自己是誰，而顯然這也是他一直想找到的答案，於是，他坐在那兒，兩手捧著頭，好像正在拚命想要挖出某段記憶卻無論如何找不到，因而痛苦不堪。」

　　九個月後，納西斯終於又回到了故鄉。一時他成為報紙爭相報導的奇聞軼事：「白野蠻人」。他被送回家鄉那天，男女老少夾道歡迎，他和家人久別重逢，相擁而泣，場面也相當感人。街坊鄰居徵得村長同意後，在村廣場上升了一個大火堆，準備跳舞慶祝一番。不料納西斯看到火堆，竟開始用那種野蠻人的姿勢跳起舞來，把大家嚇壞了。那一刻眾人才意識到，看起來是重返故里的納西斯，也許是再度被迫流落他鄉的阿姆哥羅……

　　新聞熱潮過去了，大家也很快忘了這號人物。海事局為納西斯安排到附近的港口燈塔當看守人。納西斯的後半生仍然是在社會的排擠中度過，在人們眼中滿身紋身，耳朵、鼻子上都穿洞的他是個不折不扣的「野蠻人」。返鄉的第二天，教會還特別以他的名義舉辦了一場彌撒，並由當初為他施洗的神父對他進行了驅魔儀式。

　　儘管如此，納西斯還是沒辦法變回文明人：他不坐椅子，而是蹲在上面，有時甚至會發出一種極其怪異的長嘯，令人汗毛直豎。調皮的小孩都會被大人嚇唬說要去叫那個「食人族」來把他吃掉。雖然後來他也結了婚，但並沒有小孩。納西斯很容易動怒，大家都對他敬而遠之。據說他常常自己一個人在海邊散步，有時候會在沙灘上畫一個大圈，圈中布滿各種奇怪圖形，並講述澳洲原住民的創世故事，講完就把圖形抹去，將圓圈打破並宣布：「創世者須得返回太初。」

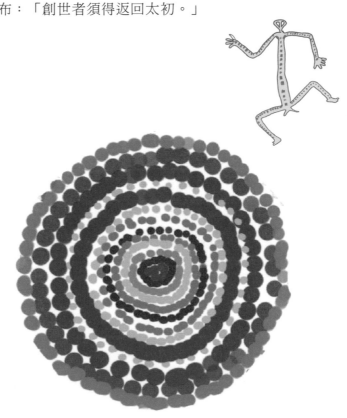

米線：「阿姆哥羅再也沒有回去他的部落看過
嗎？」

我：「沒有，他三十一歲返回法國，直到五十
歲去世，都沒有再出過海了。他的死因至今成
謎，有人說是精神衰弱，有人則認為他是哀傷
而死的，思鄉心切。」

米線：「那他在汪達拉部落的經歷，完全沒有
留下文字記載嗎？」

我：「有哦，他們鎮上一個叫梅爾隆[※]的醫生曾經
將他的口述經歷整理出版。那是第一本關於澳洲
東北岸約克角的民族誌，記錄了當地的社會制
度、風俗習慣、語言，甚至還有四首歌謠。非
常珍貴。」

[※]梅爾隆（Constant Merland），《野蠻部落十七載：納西斯‧
培勒提耶歷險記》（Dix-sept ans chez les sauvages：
Aventures de Narcisse Pelletier），巴黎，E Dentu 出版社，
一八七六年。

　　在梅爾隆的筆下，那些野蠻人「有著黑色皮膚，全
身赤裸，體型與我們一般，肌肉不甚發達，肚子凸出，
眼睛布滿血絲，鼻梁塌陷，闊嘴，高顴骨，髮微卷，頭
上爬滿頭蝨，全身惡臭難擋，令人望之卻步。耳垂以小
木棍穿洞，鼻中膈也以貝殼穿洞，牙齒和嘴唇因長期嚼

食檳榔而變黑，他們看起來更像地獄裡的生物，而不像人類。」他訝異於出身文明社會的納西斯竟然能和融入這群人，甚至變成他們其中一員。

　　納西斯最初漂流到夜島雖非出於自願，然而一旦出於那孩童的好奇天性．讓他對眼前的人們開始感到興趣時，自然也能在那個社會中找到位置。

　　我常想，如果阿姆哥羅當初曾有一本筆記本，他會在裡面寫些什麼呢？大概是很多的發現，很多的驚奇，一點點鄉愁和很多來自那片水土的靈感吧。

　　於是我開始把阿姆哥羅也許會記下的東西寫進我的法蘭西島漂流記。

CHAPITRE

I

哈累大國民

Je râle, donc je suis

我哈故我在！

猩哥：「把拔你比較喜歡台灣還是法國？」

米線：「我比較喜歡法國，因爲法國的哈累（râler）比較強，我很喜歡哈累！」

經過了這麼多年，他終於找到對祖國的認同感。

———

　　Râler 中文一般說是「抱怨」、「發牢騷」，但我覺得這兩個詞的強度不夠。這個法文單字原指人臨死前呼吸困難的聲音，用「哈累」來戲稱一個人叨叨絮絮的牢騷像快斷氣了那樣，跟台語的「靠么」有異曲同工之妙。哈累就是你不爽、不平、不高興就大聲地講出來，罵出來，讓大家都知道你不高興，不爽，覺得不公平、不同意。台灣人會說是在「靠北」、「抗議」，叫很愛哈累的人作「大砲」。

　　法語則是稱哈累一族為「哈樂」（râleur）。

　　哈樂們無論何時何地都在從事這項他們最熱愛的運動，從自然現象（譬如颱風下雨）、社會制度（退休金算法）、國家大事（總統選舉）、交通運輸（火車老是誤點）、人際交流（主管機歪），直到罐頭不好開、曬衣時衣架纏成一團且愈扯愈糾結等等日常不順遂，都可哈上一哈。如果奧運有哈累一項，我打賭法國人一定每屆都拿金牌。

　　剛來法國生活的時候，也許是從小在台灣養成很容易感到「不好意思」的習慣吧，每逢老公哈累，雖然知道不是針對妳，但那種不爽的氣場實在太強大，聽著聽著就會不由自主地覺得自己該爲衣架打結和火柴點不著負責。

世界找碴物品聯盟

哈樂人須知：

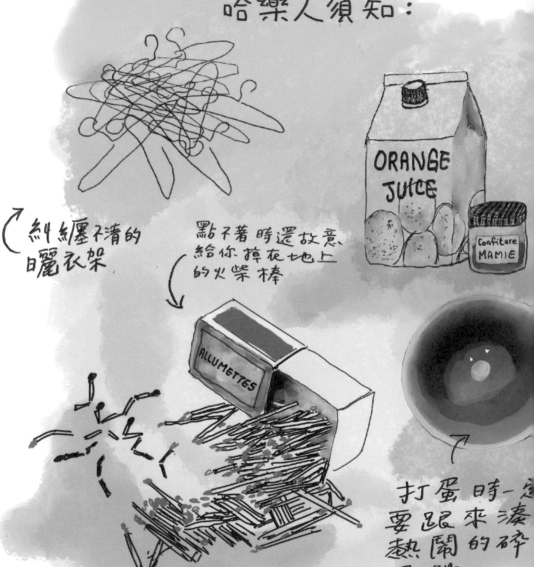

糾纏不清的
曬衣架

點不著時還故意
給你掉在地上
的火柴棒

打蛋時一定
要跟來湊
熱鬧的碎
蛋殼

ORANGE JUICE

Confiture MAMIE

ALLUMETTES

知己知彼，百戰百勝

一切的 易開包裝，
因為「易開」在這裡的
意思是「容易打不開」！

功敗垂成的
太陽蛋

打結的電線

久而久之，那股怨氣開始令人感到煩躁。

　　早上我還在睡，聽見廚房裡傳來「美和德（merde）！美和德！」的驚呼，以為發生什麼嚴重事故，跑過去一看，原來是米線昨晚要睡前忘記按下洗碗機的按鈕，以至於早上起來沒有乾淨的杯碗吃早餐。

　　我（不以為然）：「也沒什麼大不了，幹嘛要用那種不小心按下核子彈發射鈕的語氣。來深呼吸，就像春天寧靜的雨絲，寧靜致遠啊……」

　　米線：「妳知道春天寧靜的雨絲要跟妳說什麼嗎？他說美和德，什麼時候不讓我下來，偏要春天，讓我下個不停，還要掉在爛泥巴裡！」

　　當然，哈樂的養成並非一蹴可幾，要從小培養。

　　那天猩哥他們老師改到他的造句作業：「我的媽媽雖然很美，但生氣時像巫婆。」

　　老師：「欸，你怎麼這樣說你媽媽！你媽媽有看到你寫的嗎？」

　　猩：「有，她還教我巫婆怎麼寫。」

　　老師：「不要這樣講自己的媽媽。」

　　猩哥恬恬的不敢發表自己的意見。

　　接下來改作文：我的校園。

　　他還寫蠻多的，大意是學校很小又不漂亮，沒有澡堂沒有超市沒有電影院，「一個月不出校門九九‧九％變成死人骨頭」（我叫他要在百分比的前面後面分別加上「有」和「的機率會」，他也不願意，覺得這樣寫夠清楚了）。

「屎到成功」

　　法語的 merde（發音美和德），相當於英語的 shit，大概可以榮膺日常法語中最常被使用的單字，各式各樣的正負面情緒皆能表達，甚至祝人好運時都可以跟對方說美和德。

　　祝人「屎到成功」的源起已不可考。一說是因為迷信，認為實際發生的和嘴裡說出來的永遠相反，所以故意祝對方「呷賽」，希望因此為對方帶來好運。

你等下要去應徵工作啊？那祝屎到成功美和德囉！是什麼工作？

CAEZ ISEBERT

水肥軒機

在街角的咖啡館

　　又說他們學校雖然有食堂但很難吃，學校的課都很無聊，尤其是英文課，他最討厭英文課，很無聊又沒用

幸好有下課時間可以和同學玩，只是下課時間和上課時間比起來太少了。

他們那個來自北京的中文老師：「你寫得很多也很好，可是，你怎麼都只寫不好的地方？」

他聽了當然也是悒悒的。回家抱怨，我安慰他：「你下次跟她說，這個就是哈累，râler，用中文講叫批評精神，是法國的國魂國粹、文化基礎。」

沒錯，哈累對付公務系統的顢頇，有一定的效用。如果很多人一起有組織地集結哈累，那就稱之為社會運動。

哈累大概是法國社會進步的動力吧。

從前米線都會在他的東方見聞錄中說，台灣比較好，日本比較好，亞洲人比較守秩序又有禮貌，不會作弊（舉搭公車投幣不找零為例）。

但前幾年暑假返台偕他出遊，增加在各城鎮街上行走的機會。台灣街道對行人實在非常不友善，騎樓、人行道被佔滿，路邊都是違規停車，行人必須走到快車道上，而且駕駛人並不會禮讓行人，連你手裡正牽個小孩過馬路也不例外。

在屏東曾碰到一位住在台灣二十年的法國人，據他的觀察，台灣的國民運動（或不動）是「沒關係」、「抹要緊啦」。

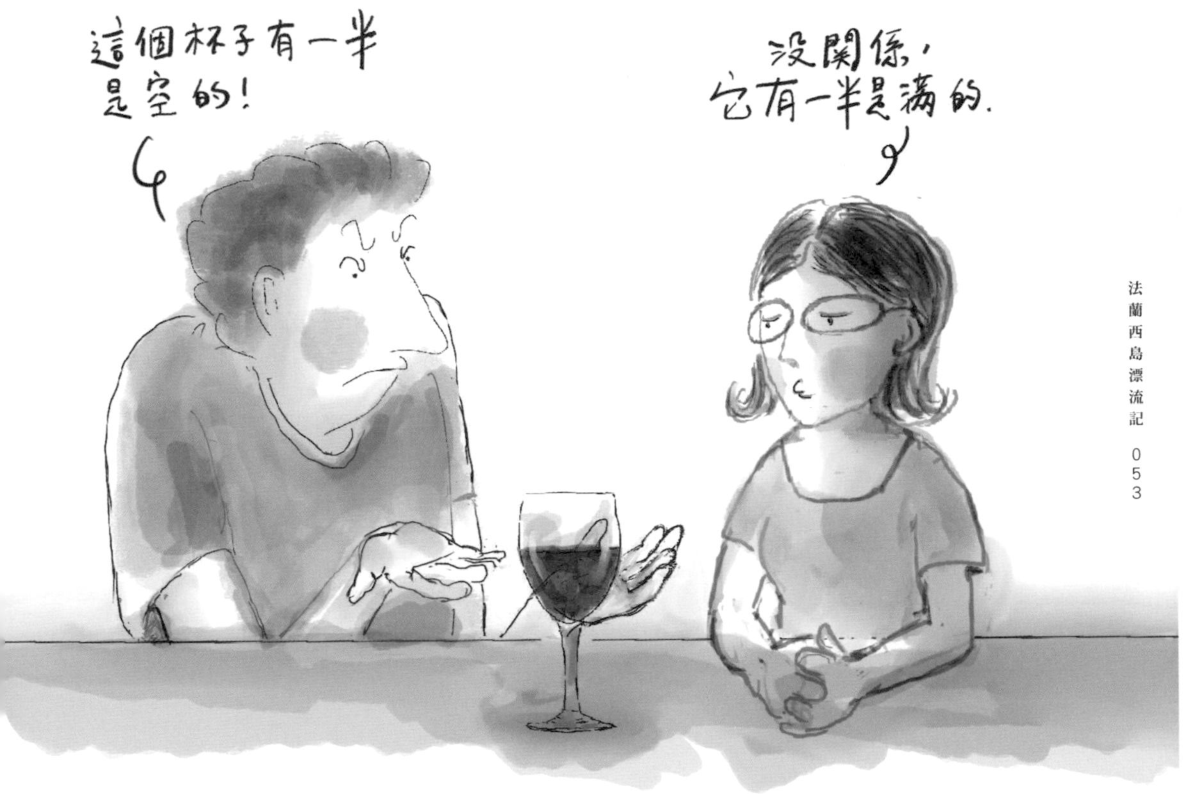
這個杯子有一半是空的！
沒關係，它有一半是滿的。

有拜有保庇

米線工作上有些不順遂，我問他要不要去拜拜：「十三區陳氏超市的地下停車場有家觀音廟很靈，我從前唸書時，要申請學校還是碰到考試，去拜都很有效。」

　　米線露出不太相信的樣子，我繼續解釋：「因為去拜了就會覺得有神明在保佑你，心裡感到安定，不緊張不焦慮，遇到困難自然能較冷靜地尋求解決之道。」

　　這個說法他可以接受。不過米線是那種雖然小時候有受洗，但不會去上教堂，也不會宣稱自己有信教的法國人，所以他並不排斥到廟裏面去，回台灣時也跟我去拜拜，見我拿香祝禱，燒金紙，也跟著依樣畫葫蘆。對他來說這些是文化活動。我家祭祖，我媽要他以女婿的身分拿香拜祖先，他亦何樂而不為，因為這意味著我家人對他的接納和他對我家的融入。

　　但因為自己職場上的關卡跑去廟裡拜拜，又是另外一回事。這已經非關文化和人際互動，這是一個價值觀的問題。他從前跟著我拜拜都是心無罣礙，只是作作樣子。現在要他真的去跟神明拜託，他有點放不開吧？

　　我帶他先去陳氏買了幾樣水果，「這些是供品，要請神明吃的。」我邊說邊往那些最貴的裡面挑。

　　他冷眼旁觀，沒說什麼，但臉上露出不是很贊成的表情。

　　我們走進那間位在大廈地下層，入口寫著「觀音菩薩玄武山佛祖」的會所。這座神壇的信徒以中南半島的華裔移民為主，創建於一九八九年，是第一座在法國成

立的華人廟宇。裡面主要供奉玄天上帝和觀音菩薩，另外還有佛祖、月下老人、財神爺和土地公。

　　一個法國先生，可能是陪太太來的，坐在牆邊排成一整排的椅子上百無聊賴地等候。他眼睛突然一亮，嘴角略微上揚地注視著那位手上捧著水果，跟在我後面的同胞。米線渾身不自在地把水果放在桌上，我很熟練地拿起一旁的塑膠盤把果子一樣一樣擺好。

　　米線斜斜地睨了那位法國仁兄一眼，覺得他很討厭，「他不拜拜的話可以去外面等。」低聲跟我說。

　　我安慰他：「他在等人，一下就走了，不礙事。」

那人太太拜完，籤也抽了，便領著他離去。

米線鬆了一口氣，他總算可以不要再覺得那麼矮油。拿著香，我看他在觀世音菩薩前面講好久。其實每個神明前面他都拜很久，眼睛閉起來，很認真的樣子。

祝禱完畢，我讓他去功德箱那邊投一些香油錢，他也沒有異議。出來之後，興高采烈的樣子，我問：「怎麼樣，覺得如何？」

「很好，裡面的人很和善。」他提到那幾個對他特別關照的廟公。

我們接著在那附近的街區繞了一圈，大概過了半小時，我說，那我們現在去收水果吧！

「什麼？」

「收水果啊！把我們剛才拿去拜拜的水果收回家。」

「等一下，那個不是供品，要送給神明吃的嗎？」

「對啊，那神明用過了，剩下的我們就可以拿回家吃啊，不然我幹嘛買那麼高級的水果？」

「可是，『給就給了，反悔算偷』（Donner, c'est donner; reprendre, c'est voler，註：法國諺語）！」

「我們沒有反悔啊！這些水果是神明用過的捏，我們把拜完的水果拿回家而已，拜過的水果吃了保平安喔！」

吃了保平安

媽媽，我覺得我好健康喔！

怎麼說？

暑假回台灣外婆家...

因為我剛吃了很多洋芋片，有拜過佛祖的洋芋片哦！

洋芋片怎麼會健康？

妳不是每次拿拜拜過的東西給我吃，都說吃了可以保平安很健康嗎？

問題是我只拿水果去拜拜，不會拿零食...

早餐的甜與鹹

Bordeaux

親愛的莎莎
　早上路過這個美麗的
城市，突然很想念台灣
的早餐，想喝鹹豆漿、
想吃蛋餅。火車站附
近的咖啡館只有歐
陸早餐，一個月來早餐
都吃甜的，受不了了！

　　　　　　大任 ati

林麗莎 小姐 收
高雄市左營大路
201號 2F
TAIWAN

朋友來法國自助旅行，某日清晨路經我居住的城市，打電話約我見面順便吃早餐。

　　依約前往火車站，見到風塵僕僕的友人，一見我就問哪裡有賣英式早餐的咖啡館，他願意付出任何代價吃到一大盤培根煎蛋，他受夠了歐陸早餐。

　　看到朋友在破曉時分對氯化鈉渴望如斯，我非常能夠理解且感同身受，帶著他在車站附近的咖啡館一家一家問，但對方只要一聽我問：「你們有沒有培根蛋？」即露出肉鋪老闆聽到「你們賣不賣拖鞋」時的表情，除了不可思議地搖搖頭，有的還會建議我那個愈來愈絕望的朋友：「英國跟法國就隔著一個海峽，去那邊吃比較快！」

朋友後來索性只要了一杯黑咖啡，看著我享用我盤中全套純法式早餐：半截棍子麵包、一個可頌、奶油、果醬、柳橙汁、咖啡。幸好早餐桌上不會放鹽和胡椒，不然他很可能會把鹽罐拿起來往他的咖啡裡撒。

我設法安慰朋友，跟他說了米線去日本玩的故事：住進鄉間的民宿，受到主人的熱情招待，第二天飢腸轆轆地走進早餐室一看，白飯、味噌湯、烤魚、蒸蛋和漬物，沒有一樣是他想吃的。主人眼見這位遠客連碰都不碰一下旅社提供的朝食，過意不去，第二天特地另外端上烤吐司、奶油、果醬和美式咖啡。米線見了好像看到親戚一樣開心，可惜了他份內那一桌非常可口的日式早餐。我那幾天的早餐都吃兩人份。

回到台灣也是。那些琳瑯滿目、爭奇鬥豔的台式早餐，對他一點吸引力也沒有。我們笑他沒口福，他總是聳聳肩說他不習慣早上「吃正餐」，讓給別人享用去。

在我們台灣南部鄉下老家，早餐是扎扎實實的一頓飯，配菜配湯。然而法國人是將早餐歸到點心一類，不算一餐，就像他們下午的點心也不吃鹹的。這是一種進食習慣的差異。

我邊說邊喝了一口柳橙汁，拿刀子將半截棍子麵包對剖，在切面上塗了奶油，接著再塗一層厚厚的果醬。

朋友問：「妳從來沒有早上想吃鹹的困擾嗎？」

怎麼沒有！猶記我剛來法國生活時，會因為找不到想吃的東西而沮喪，甚至動怒，寧可餓肚子。但環境改變人的力量是如此強大且悄然無聲，我甚至對自己口味的改變毫無察覺，上次返台與朋友同去日月潭旅遊，隔天早晨在飯店吃自助早餐，朋友一見我盤中完全依據自由意志所取用的食物時，不禁莞爾：「妳果然變成法國人了。」

我邊說邊將手中那滿是奶油果醬的麵包在咖啡杯的黑色汁液中浸了浸，拿起來，微微地甩兩下，將多餘的兩滴咖啡甩回杯中，再送進嘴裡：「但你知道嗎，早上吃甜吃鹹我可以不計較了，我覺得真的被他們同化的是這個動作，」又把麵包往咖啡杯裡沾了沾，「現在不管吃什麼都會忍不住要往碗裡頭沾溼了再吃。」

用碗喝咖啡

　　從前在台灣看法國電影，印象最深刻的是法國人早餐會用碗喝咖啡（或茶）。這種咖啡碗的口徑大概一個巴掌大，容量約三百五十毫升，其中最經典、最陽春的款式，要算Duralex※的早餐碗了。Duralex 的玻璃餐具以強化玻璃製成，便宜又耐摔，在一九六〇至七〇年代間很流行。

　　早餐的熱飲用碗盛裝的好處很多，譬如碗的橫向面積較大，熱飲冷卻速度較快。碗必須端或捧著喝，冬天時可以順便暖手暖心。最重要的：用碗較易實踐法蘭西民族標誌性動作——麵包須浸濕了再吃。而這個動作的源起有可能是一種基因記憶，可見古時候法國人吃的麵包有多硬！

※ Duralex 是法國鋼化玻璃餐具和廚具製造商。

一般人早餐會喝的熱飲不外是咖啡、茶、熱巧克力，要加料的話也是加奶加糖，而會往這些飲品裡沾的，也是塗了奶油果醬的麵包或可頌、巧克力麵包之類，在分類上歸為甜味的食物。不過也有不少人也會將夾了乳酪（包括味道很重的 maroille、munster 或 camembert）的麵包沾咖啡吃。

　　當然，還有不少法國人的早餐選擇牛奶 + 穀物 / 脆片。

冬天早晨
咖啡碗成了我
的小暖爐

法國的早餐史

其實，一直到法國大革命以前，法國人沒有早餐，他們一天只吃兩餐，第一頓在十到十二點間，第二頓在下午五到六點。從法語亦可看出早餐在法國的地位。法語的中餐叫 déjeuner，指停止夜間的斷食狀態，重新進食，而早餐並沒有一個獨立的單字來稱呼，頂多叫 petit-déjeuner，因為它並沒有正餐的地位，充其量只不過是「小中餐」。

不過法國人的祖先並沒有一早起來就吃甜的。譬如中世紀的騎士早上會喝摻了酒的湯，然後吃一塊上面塗了豬油或澆了菜泥的麵包——當然得先沾了湯再吃。對了，法文的 copain（朋友）就是從這塊早餐的麵包演變而來的，意指一起分食這塊麵包的人。

至於咖啡、巧克力、可頌這些從外國傳來的食物，要等到十八世紀以後才開始在社會上普遍流傳。據說法王路易十四曾經在土耳其大使的力薦下喝了幾個月的咖啡，但並沒有一試成主顧，他還是喜歡在早上喝花茶。

然而，法國人早餐不吃鹹應該是工業革命以後的事情。因為一直到十九世紀初，法國鄉下人的早餐仍然是麵包泡湯為主。

誰說一天中最重要的一餐是早餐?! 我覺得餐前酒(Apéro)才是!

PS:餐前酒(Apéro)是晚餐前喝開胃酒時配的小鹹點,種類繁多,大家邊吃邊聊,沒完沒了,堪稱法式生活中最重要的社交場合。

你好，親親

真的親

吻頰首先是一種
真情的流露。

聽一個台灣朋友說，她到法國拜訪客戶，兩人見面聊得很開心，臨走時客戶竟然要跟她吻頰道別，讓她很尷尬。她雖知道法國人見面有這套在臉上親來親去的禮俗，但就算相談甚歡，剛認識就要親人家未免也太冒失，莫非是個登徒子？

這倒讓我想起從前還是留學生的時候，常有機會跟一個朋友去參加她表哥鄰居的同學的妹妹的生日派對，一群年輕人從沒見過面，一進門也還沒搞清楚誰是表哥誰是鄰居誰是同學的妹妹，就在那邊親來親去親得不亦樂乎。

不過我也認為，如果出社會後在職場上或因工作關係而認識的人，就算第一次見面聊得很融洽，分開時也不會要親親吧？太唐突了點。

想當初有一次春節，米線到台灣去見識什麼叫過年，順便拜見我爸媽，在我家當了三天的客人，對台灣鄉親的親切好客留下深刻的印象。後來我們要搭飛機回台北的時候，我爹我娘開著車送我們到機場，然後咚一聲把我們放下來，說了一聲「一路卡小心吶」，接著就噗地踩了油門走了，連火都沒熄。法蘭西人米線不明白，摸摸後腦勺若有所失地說，嘎！他們就這樣走掉了喔，我還想要跟他們親親說再見呢。我說，唏，別嚇死他們，這機場附近根本不好停車，何況他們急著回去看孫子。

話說，我自少時來法蘭西國求學，至今對吻頰禮一事通常採入境隨俗的態度。只不過每跟人家親親的時候，頂多就臉頰碰臉頰，嘴巴朝空中發出「啵」的一聲就算了。好促狹的人就會大叫，重來重來，不算不算，

妳的嘴唇根本沒有碰到人家的臉頰，這是假親親，不是真親親。所謂真親親，就是要跟人家臉頰碰臉頰，嘴唇嗽起來歪一邊，輕輕地碰到對方的臉頰上，然後發出「啵」的一聲。

　　呃，這種高難度的臉部肌肉運動，不是從小訓練，還真做不出來。

親空氣

但很多時候純粹只是
一種社交模式。

不過不要以為所有的法國佬都喜歡這種親親。我從前在南部上學的時候，就在大學講堂上聽過一個教法文，出身波爾多望族，五十來歲的柏莎小姐，用很堅定的語調告訴我們這些外國人，親親這種一點也不衛生的陋俗，一定會在半個世紀內消失。

　　其實我覺得法國人是一個很含蓄，不習慣用肢體表達情感的民族，他們的小孩長到九歲十歲以後，大部分也很少會再跟父母親吻摟抱。不曉得現在的這個親親禮是哪個時候、又是如何發展出來的？我看像《瑪歌皇后》（La Reine Margot）或聖女貞德那個時代的古裝片，從來沒看過他們演過那時候的人有見面要親親這回事。

我很喜歡親親的打招呼方式，這是我唯一可以和女生作近距離接觸的機會。

　　表面上看起來，我或許很能跟著依樣畫葫蘆，不過老實講，我頂不喜歡這個禮節。如果對方是小孩或女人也還好，小孩粉嫩粉嫩，女人香噴噴。就是要跟男性親親的時候，尤其是那種半生不熟的，特別難受。半生不熟又只打個照面，見面親兩下（有時候還要三、四下），三分鐘後說再見時又要親。你跟人家親過第一次，以後每次都要親，不然他還以為你在不高興。

　　我跟很多法國女生討論過這點，其實她們很多都跟我有一樣的感覺，不過大家還不是照樣親來親去。因為⋯⋯禮貌嘛！

　　男生倒比較沒有這種困擾，因為他們只親小孩和女人，根本打死不會去親男人——除非那是你的家人。男人跟男人只握手。小孩呢，我觀察過，他們只親他們喜歡的人，才不管你什麼禮貌不禮貌。

　　話說我這些年來倒也親過世界上各色人種，連大陸同胞都親過。就只有一種人，無論如何親不下去，那就是我的台灣鄉親。我們去看我的台灣同胞，告辭時米線跟人家全家大小親吻道別，我只站在一旁笑嘻嘻。朋友看著我，說：「我們就不用這個了啦齁！」送到大門，揮手用家鄉話叮囑：「一路卡小心吶⋯⋯」

　　這種不親，其實感覺上，更親吧。

米線第一次在台北上餐廳⋯

這水怎麼是溫的！

溫開水對身體比較
好喔⋯

二〇〇三年初秋，中國歐洲首航團抵達巴黎，法國旅遊部長出來迎接，跟大家保證已經下令所有接待這群中國貴賓的餐館，「必須準備熱水」。

　　熱水都得部長特別下令才有得喝，可見法國人只愛喝涼水。

　　老法喝涼水，也分自來水和礦泉水兩派。前一種人擰開水龍頭，接了就喝，愛喝多少喝多少，每公升水價只要零 · 零零三歐元；後一種人，每個禮拜，心甘情願，開著車到超級市場去扛礦泉水，兩口之家，一個禮拜大概要喝掉十二瓶一 · 五公升的礦泉水，四口之家，四十八瓶。

　　自來派強調，水龍頭的水和礦泉水，味道並沒有什麼不同，如果有人願意多花一百倍以上的代價去喝經過包裝、打過廣告的礦泉水，除了製造垃圾污染環境之外，無非是一種自以為高尚的念頭在作怪。還有，他們也全心全意地希望那個每個禮拜得去超級市場扛四十八瓶礦泉水的傢伙，別住在五樓以上，而且公寓裡最好有電梯。

　　礦泉派則堅稱，自來水中分明加了氯，其臭無比，連這個都喝不出來，斯人舌頭之麻木不仁，可見一斑。他們不在乎花錢，不在乎每個禮拜要扛四十八瓶礦泉水爬六層樓，因為品味無價，健康至上。

　　喝礦泉水看似麻煩，但擁護者卻只有與年遽增。以大巴黎地區的居民為例，現時每人每年平均要喝掉一百四十五公升的礦泉水，而這個數字足足是三十年前的兩倍多。

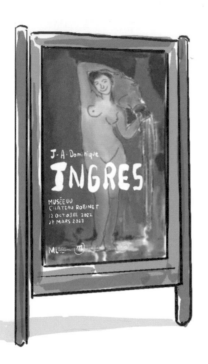

古時候的泉水.

為什麼？

因為水汙染愈來愈嚴重？因為人們愈來愈重視健康？因為投資者愈來愈多，廣告愈打愈厲害？

這裡就先不探討這個。姑且來看看自來水派如何反撲。

「我們不是想找那些礦泉水製造商的麻煩，」管理巴黎大區水資源配送的法蘭西島水務公司（SEDIF）的總經理桑提尼（Andre Santini）先生在他們的推廣活動中振振有詞地表示，「我們只是想讓大家都知道，你們在法蘭西島地區喝到的自來水品質，恐怕是全世界最好的。」

法蘭西島的自來水是全世界最好喝的？那巴黎想當然耳也差不到哪裡去囉。建議你下次在巴黎上餐館時，不管對方有無提供熱水，先跟他要一杯全世界最好喝的自來水，見識見識。

沙提尼先生說，他們每年都要根據八十個檢驗標準，用最新的設備，來對法蘭西島地區的自來水質進行大約二十五萬次的抽檢，抽檢地點從水源頭一直到消費者家裡的水龍頭。喝他們的水，既環保，又經濟，這個可能大家都同意，但裡頭那種好像被恐怖分子下了毒的怪味道呢？

水務公司提供以下妙策：扭開水龍頭，讓它流上片刻之後，再將水盛在適合的容器中，器口用一層保鮮膜蓋住，並放入冰箱靜置半小時以上。因為氯是一種蒸發性的化學元素，所以會自己跑掉。桑提尼先生並建議大家可以再放兩片檸檬下去，增其美味。

但自來水裡頭那些可能會引起泌尿結石的石灰質呢？

　　桑提尼先生（開始露出很頑強的樣子）回答說，石灰質不過就是鈣質嘛，這也說明那些患有骨質疏鬆症的老年人，正好需要我們的自來水……（這這這，好像有點太扯了……）

　　無論桑提尼先生的說法是否改變了你的看法，不管你是自來水派還是瓶裝水派，總而言之，言而總之……多喝水就對了啦。

現代的泉水．

提水上樓時的心情.

瓶裝水帶來的環境污染

近年因一次性塑膠包裝對環境造成污染的問題日益嚴重，在環保團體的大力倡導下，法國瓶裝水市場確實略有縮減，但仍有八成以上的民眾表示其日常飲用水仍以瓶裝水為主。二〇二〇年法國的瓶裝水消費高達九十三億公升，塑膠瓶成為境內水域最常出現的廢棄物，雖然目前回收率約五成八，但距離政府設定的二〇二五年全面回收目標，還有一半的路要走。

瓶裝水的塑膠瓶
會污染生態環境.

是湯？是汁？

話說這天天氣非常冷，我就想，不如來燉一鍋牛肉番茄湯。

　　於是去買了牛肉和番茄，還有洋蔥、紅蘿蔔，以及許多其他的蔬菜。

　　我先把牛肉切成一塊一塊，然後把十幾顆番茄也切成丁，再把它們和洋蔥、紅蘿蔔，以及其他很多蔬菜通通丟進燉鍋裡，再加上鹽啊、胡椒等調味料，細火慢燉了兩個多鐘頭，結果就跑出很多湯來（我一滴水都沒有加哦），香噴噴的，覺得好高興，喝起來一定很痛快，於是就要等米線下班回來一起分享。心想：外面那麼冷，下班回來家裡就有這麼熱騰騰的番茄牛肉湯等著，一定會覺得十分感動吧！嘿嘿嘿……

　　這個時候門鈴響了，我趕緊跑過去把門打開：「啊！老公！外面很冷吧？快進來，我煮了好東西要給你驅寒呢！」

　　他說：「咦？今天怎麼對我那麼好？妳想要什麼？」（不怪他，他小時候沒讀過聖賢書，不知「何必曰利」是也）。

　　於是我一副誠心誠意的樣子，引他來到湯鍋前面。他興沖沖地打開鍋蓋，在一片冉冉上升的蒸氣中，閉上眼睛深呼吸並露出幸福的微笑，接著取出一根勺子把牛肉和蔬菜撈上來，在兩隻盤子裡各盛了一點，然後問我：「妳要不要淋一點汁上去？」

　　「什麼？觀念完全錯誤！這是湯，不是汁！而且喝湯要拿碗，不是盤子。」

湯都是用蔬菜做的.

我從小就不喜歡吃蔬菜.

—— 我要薯條！

「湯？湯怎麼會跟主菜混在一起吃？」

原來法國人腦袋裡的菜餚分類方式跟我們不太一樣，「湯」是前菜的一種，通常都是一堆糊糊稠稠的，專門給沒有牙齒的老人和小孩吃的。大人才不喝湯。

有關對「湯」的認知，也許是我和法國人最大的文化差異之一。從前還在唸書的時候，和幾個法國女生同住。她們有時候買菜回來，會興高采烈地從包包裡掏出一包「味王排骨雞麵」說：「妳看我在大潤發找到了什麼？」她們當然不叫那個作泡麵，都說那是中國的「義大利麵」，並悠悠地加上一句：「聽說義大利麵還是馬可波羅從中國帶回來的呢！」那天中午，安蘇菲就決定來嚐嚐台灣製造的中國義大利麵。我看她先把水燒開，然後放調味包，再下麵塊，很上道的樣子。安蘇菲一

面攪她那鍋湯，一面轉頭對我說，她嫂嫂是越南人，在中國餐館打工的時候認識她哥的，他呀最喜歡吃中國菜了……說著說著她的「中國義大利麵」就熟了，她把鍋子端起來，嘩啦啦地把湯全往水槽裡倒掉，然後用一個盤子將麵盛起，拿一根叉子和湯匙，捲著麵條吃。

「好吃嗎？」我很好奇地問。

「唔，不賴。」我猜她可能覺得沒什麼味道。

更久以前還有一次，我在學生宿舍裡拉肚子，決定煮點稀飯來喝喝。一個敘利亞男生走進廚房，見我拿著那種法國人早餐時用來喝咖啡的小碗公在喝粥，很好心地告訴我煮米的時候水不能放太多，不然就會變成這個樣子。他們阿拉伯人和非洲人煮飯的方式跟我們一樣，就是將一定比例的米和水放進鍋裡，在小火上加蓋以蒸氣悶熟。當我跟那個敘利亞男解釋說這個叫做「稀飯」的時候，他搔搔後腦勺，露出一副前所未聞的樣子。

至於法國人煮米：一大鍋水燒開，米放下去，再加鹽巴，一直煮一直煮到米熟了，把水濾掉，熟米再用冷水沖一沖。跟煮麵條完全沒兩樣。

我想到幾年前第一次帶米線去巴黎十三區一家越南河粉店，要跟他「分享分享」我最喜歡的「大碗麵」——一個超級大碗公，大到令人想做出跳水狀。碗中有牛肉薄片、牛筋、牛腱、牛肉丸、各式各樣的東南亞人吃的香菜，最感人的當然就是那用骨頭熬出來的湯頭，美味得令人驚心動魄，特別是天寒地凍的時候。當我正唏哩嘩啦地盡情享

受我最愛的大碗麵時，只見坐在對面的傢伙一動也不動。

「好燙，等它涼一涼。」他向我解釋道（心裡一面想：天啊，怎麼那麼多汁！）。

然後很斯文地拿起叉子湯匙，用像吃義大利麵的方式，小心翼翼地把大碗公裡頭的麵條、牛肉和蔬菜全都撈起來吃掉，至於那些「汁」，則一口也沒得到他的青睞。只不過那時他還在跟我談戀愛，所以也不便對「湯」或「汁」表態。

所以只有當世界末日來臨，
實在沒東西吃時，
我才會想喝湯．

從前每次跟同鄉去吃大碗麵，都是一起唏哩呼嚕，鼻涕汗水，大呼過癮。那一回我突然體認到不能跟老公「有湯同喝」的惆悵，我想他對我有時應該也會有類似的寂寞感受吧。

所以，那天晚上他為了不要辜負我的番茄牛肉「汁」，於是改用湯皿，舀了一整勺的「湯」進去，吃完菜肉後，剩下的「湯」再拿麵包沾著吃掉。

至於那一大鍋「汁」，後來就全被我拿來下麵條吃光光啦。

不過泡湯卻是人生一大享受。

雞同薯講

米線不會說中文。認識我之後曾跑去買過一套《大家學中文》以表心跡，只是中文比他想像的還難很多，他大概努力了兩個禮拜就放棄了。

　　我並不怪他，至少我會講他的母語，比起兩人皆須用外語和對方溝通的情況稍好些。遺憾的是，我們也許永遠無法觸碰到彼此內心深處的那個異鄉人。聊可慰藉的則是，同文同種其實也不保證就能心有靈犀一點通。

　　言語交流對夫妻關係而言，應是一種必要而非充分條件。記得聽過一個都市傳說，是幾個中國留學生將家鄉的一個寡婦介紹給本地某法國麵包師，兩人一拍即合，中國大姐來法生活，一句法語也不會，麵包師傅也不會中文。但白天大姐飯煮好了便用法語叫師傅：「mange（吃）！」夜裡師傅想上床了則用中文跟大姐說：「睡！」兩人從此過著幸福快樂的生活。

　　當然，我也曾經對自己的靈魂伴侶有過許多夢想，像《浮生六記》中那樣琴瑟和鳴的夫婦不是很令人稱羨嗎？

　　剛結婚時，我常問米線為什麼愛我，他總回答：「因為妳讓我笑。」我嫌棄這個回答，不夠悅耳，他搔搔頭又說：「因為妳很 patate（傻氣），而我最愛 patate（馬鈴薯）了！」（法語的 patate 有兩個意思）。還是不滿意，他於是把鼻尖湊過來頂著我的鼻梁說：「妳看我們兩個可以拼成一塊，妳就是我的 puzzle。中文的 puzzle 怎麼講？」

他說他愛我，是因為我是他的拼圖。

不無道理。兩塊拼圖正因其互異，才能拼在一起。所以既然選了一個老外當老公，文化背景不同，也不會說妳的母語，那就換個角度來想：我們雖不能玩四手聯彈，卻可以互相出掌……呃說錯了，是擊掌。

我老婆口袋裏也有一堆！

互損（一說「鬥嘴鼓」）是我們婚姻生活的一大調劑。

譬如這天早上米線在看日曆，突然說：「啊，再過兩天是妳的節耶！」

（法國一年三百六十五天，每天都是某某聖人的節日。譬如九月二十九日是聖米線日。到了那天人們就要跟他們認識所有叫米線的人說「過節快樂！」。最有名的，當然就是二月十四日的情人節聖滑輪蛋日（St. Valentin）。

可是法國哪有什麼聖米香？

「是沒有聖米香，」米線說：「但後天是聖完美(Saint Parfait) 日。」

（警示燈亮起：請提防標準的法式反諷語法。）

「我知道你覺得我很完美，可是真的有人名字就叫完美的嗎？」

「有啊，白雪公主裡面第八個小矮人！」

「真的？」

「假的。不過裡面每一個小矮人不是叫什麼萬事通、瞌睡蟲或糊塗蛋嗎？那第八個叫熊完美也沒有什麼不可以！」

又譬如另外一天，氣溫高達三十九度，我隔著窗簾望著院中那些逐漸融化的樹木花草和石牆。

「熱浪傾盆而下（une chaleur torrentielle）！」我說。

「妳想說的是燠熱難耐（torride）吧？」一旁熱到打赤膊的米線問。

「不，我要說的正是傾盆而下。」

「那個通常用來形容雨。」

「我知道，但這是文學手法。」

「就算是，但傾盆而下給人一種清涼的印象！」

「所以才拿它跟恰好相反的感受結合在一起，製造一種衝突感，傾盆而下的不再是雨水，而且炎熱，詩都是這麼寫的。」

「可是可以用傾盆來描述的東西不都是流動性的？」

「你看你活像塊正在融化的起司，這還不夠流動嗎？！」

「我是起司？那妳是火腿！」（他老喜歡說我跟他是火腿起司三明治，就那麼愛這味？）

「我才不是火腿！」

他把他的鼻尖湊在我的鼻梁上：「對，妳不是火腿，妳是我的姘頭！」

唉，只怪中文真的太難了！

憨薯、笨蘋、呆蕉和傻腸

我第一次跟米線說台灣號稱香蕉王國（Royaume des bananes），他一直笑，我又說我們台灣人都自稱是憨吉（patates），他簡直笑彎了腰。

後來我才知道，法語中會把某些食物拿來戲稱憨傻之人，譬如馬鈴薯（patate）、蘋果（pomme）、香蕉（banane）或香腸（saucisse），都是些他們最喜愛的食物。

和另外一個罵人愚蠢的字眼 con 比起來，用食物的戲謔成分多，並無惡意，倒是有部很有名的法國喜劇叫《Le Diner De Cons》（台譯《客人變成豬》），劇裡的那個 con 大概是有史以來最受歡迎的笨蛋吧？我想這是一種社會心理學的反射，人人都在乎自己在他人眼中的形象，擔心自己顯得荒唐可笑。

歡迎加入！傻人有傻福。

戀人絮語：
　從前我要的是一個熱吻，
　現在則只想得到能和我拼得起來的那塊.

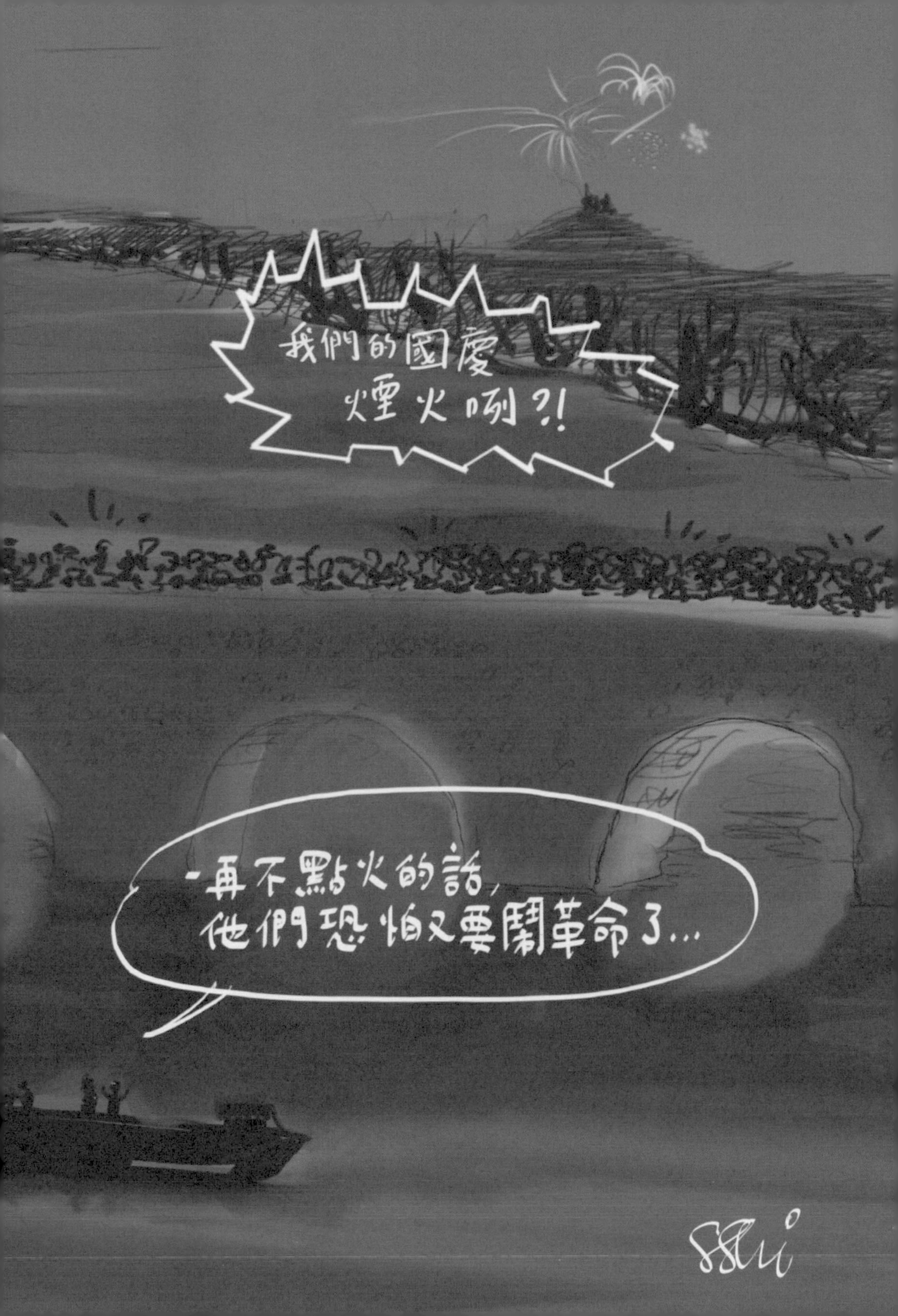
我們的國慶煙火咧?!
再不點火的話，他們恐怕又要鬧革命了…

七月十三日。

　　網路上查到的訊息是說拉尼（Lagny）的煙火從晚上十點半開始。碧溪這邊也有。七月十三、十四這兩天，全法國到處都會放煙火，是入夏以來第二個跟火有關的節日。

　　第一個是夏至（六月二十三、二十四）的「聖約翰火節」（Les feux de la Saint Jean）。每個村子都會生起一座大火堆，村子裡的青年男女手拉手圍著火堆跳舞，最後還會綁一個稻草人在火堆上燒掉，濃濃的異教徒風味，可見源遠流長。費里尼的《阿瑪科德》（Amarcord）裡面那個義大利海濱小鎮上也有這樣的習俗，只不過好像是在冬天結束春天開始時生的火。

　　第二個就是七月十四國慶日，全國各地都要施放煙火。這個傳統怎麼來的我是莫宰羊，不過據我的「想當然耳」：大家都知道七月十四日之所以為法國國慶，是要紀念巴黎民兵在這天攻下巴士底監獄，法國大革命於焉展開，而巴黎民兵之所以去會去打巴士底，主要是為了取得獄中庫藏的大批火藥，所以國慶日這天要點火藥（放煙火），既可紀念攻陷巴士底監獄的初衷，燦爛的火花也宣示著新時代的來臨⋯⋯總之，火藥不要做成炸彈，都拿來放煙火多好！

　　我們到拉尼的時候，天還沒全黑，大人小孩都拿著那種我們小時候元宵節提的紙燈龍。一隊不曉得從哪裡找來客串的管樂隊，穿著和巴西足球隊制服同一個顏色

的黃衫，在城中心的廣場上吹奏著五音不全的進行曲。今年是法國的巴西年，到處都是跟巴西有關的文化活動。馬恩河畔已經聚集了不少人，森巴舞曲響徹雲霄，沖天砲飛來飛去，就差烤香腸的味道。

　　人愈來愈多，已經十點半了。河上有一艘很大的運漕船，煙火就裝在船上。只見幾個仁兄在那邊跳上跳下，一點也沒有要點火的意思。遠處的天際已經在閃閃發光，那是隔壁城市的煙火。主持人拿起麥克風：「大家晚安，國慶煙火馬上就要施放了，大家準備好了沒有？」米線把手圍成圈圈放在嘴邊：「你們才準備好了沒有？」主持人：「因為一些技術上的問題，所以有點耽擱，不過現在大家熱切的期待國慶煙火就要展開了……」所有人都拍拍手。然後路上和橋上的路燈全暗了下來。我們全都屏息以待，等了一分鐘，又看到一個傢伙急急忙忙從船上跑下來，米線配音道：「啊，忘了帶打火機！」岸上的人遞給那人一樣東西，米線又道：「可是最後皮耶一不小心把打火機掉到河裡去了，今年拉尼的國慶煙火只好宣布取消……」

　　幸好皮耶沒有那麼烏龍。煙火點著了，黃的綠的紅的藍的，配上震天軋饗的森巴舞曲和轟隆隆的爆炸聲，我覺得眼睛花了，耳朵也聾了，鼻子裡盡是煙硝的氣味，有種醉醺醺的感覺。拉尼的煙火因為是附近三個城市聯合辦的，大概持續了半個多小時。

－店都關起來，是要叫人家怎麼過？

我和米線打算到奧維涅（Auvergne）的山上玩一個禮拜，結果一上山，第二天我就開始身體不舒服。臨時在當地藥局買了一點成藥吃，不見什麼效果。二十號星期六打道回府的路上，米線便說要趕快打電話跟醫生預約，這樣下午一到家就可以馬上去看醫生，然後拿處方籤去藥房買藥，否則隔天是週日，醫生不看病藥房不開門，又得拖到星期一。

　　在車上我撥了電話到我們固定去看病的聯合診所。撥了兩次電話才接通，祕書太太接了起來：「ＸＸ聯合診所您好。」

　　「您好，」我說：「我想跟雷大夫約今天下午看病。」

　　「雷大夫度假去了，今天只有他的代班人巴大夫。」

　　車上播放的交通電台正頻繁地播報著各地的即時路況，一輛雪鐵龍從右線用至少一百五的時速呼嘯而過，米線罵了起來，叫罵聲和收音機裡響起的披頭四竟還挺合拍的，接著電台播音員突然提高分貝，要大家注意七十一號國道上多少公里處正發生一起因為超速引起的重大車禍。我搗耳朵對著話筒說：「那麼鮑大夫……呢……柯大夫也可以，他們在不在呢？」

　　祕書太太用一種「妳耳背呀」的不耐煩口氣：「我再重覆一次，他們都度假去了，今天只有代班的巴大夫在！！！」

　　我覺得有點冤枉：「好吧，那巴大夫下午五點可不可以？」

「只有三點可以，其他時間都不行！」電話那頭傳來的聲音已經煩躁到像是月經不順的口氣。

　　下午三點我們怎麼可能到家？除非米線一個小時飆一百五！聽到這我便把電話掛了。

米線：「怎麼把電話掛了？」

我說：「只有雷大夫的代班人巴大夫在，而且巴大夫只有下午三點有空。」

「妳怎麼不跟她堅持？」

「要怎麼堅持？那女的恰北北……」

米線很堅持地說今天一定要去看大夫。然後又說他下次一定要跟雷大夫抱怨他的祕書，人家打電話去當然就是生病了，搞不好就是耳朵出了毛病，多問一下幹嘛那麼兇（他這麼一說，我還真的開始覺得耳朵癢癢的）。

下午四點多到家後，米線便拿起電話簿找醫生，不料我家這一帶的五、六個醫生全都度假去了。米線試著再次打去雷大夫的聯合診所，電話那頭卻已經成了電話留言。沒有辦法，米線只好打專線電話詢問附近哪裡有值班醫生，對方跟他說目前沒有人值班，需要醫生的話請打另外一支緊急專線請醫生到家裡出診比較快（當然也比較貴，差不多是一般到診所看診的兩倍多）。米線開始火了，對著電話筒說他現在明白為什麼熱浪來襲的夏天會死那麼多人。

由於我只是一點婦科感染，皮膚發癢，晚上睡不著，這樣要去醫院掛急診也太誇張，但要我再忍個兩天也實在很痛苦。最後只好決定請醫生到家裡來。專線電話那頭跟米線詢問了我的症頭，然後說醫生最快兩秒，最慢兩個鐘頭會到。

在法國不管約什
麼，成功法則只
有一個，那就是
堅持到底，絕不
輕言放棄！

趁醫生還未抵達，我便想把度假拍的照片先上傳到電腦硬碟。正在拔數位相機的記憶卡時，米線過來逗我，我大約是身體不適，心情煩躁，用手一揮，記憶卡就摔到地上。米線撿起來端詳了一下，臉色有點沉重，果然再放進讀卡機的時候，卡片就像打嗝似的發出「答答答答」的聲音，六、七百張照片就這樣鎖在那張小卡片裡，叫也不叫出來。

我嘴巴一扁，幾乎要哭出來，心情惡劣到極點。米線開始使出渾身解數想把照片弄出來，還試著把它放進冰箱裡降低溫度。弄了半天，那張該死的記憶卡依舊「答答答答」不願交出照片。兩個多小時過去了，醫生還不見人影，米線又打電話去問，對方說醫生不來我家他也沒辦法，叫我們等就是了。

我把氣都發到米線頭上，「在你們法國七、八月還真的生不得病，我家那邊就不會這樣。」米線繃著臉，

埋頭一直弄記憶卡。我等醫生等到肚子都餓了，便把冰箱裡剩下的一包冷凍薯泥碎肉拿出來加熱並喚米線來吃，他也不肯，很固執地繼續和那張記憶卡纏鬥。這時門鈴終於響起，醫生來了，整整四個半小時之後。

　　一個年輕小夥子，一副快要累死的樣子。他幫我檢查了一下，一邊說不要緊一邊開了藥，然後告訴我星期六晚上八、九點要上哪裡買藥。前後不到十分鐘，我則開了一張五十八歐元的支票給他。

　　醫生離開後，我們駕車到隔壁城市一家亞裔人士經營的二十四小時藥局買藥。米線剛開始走錯地方，怪我沒跟他說清楚，我也怪他來鬧我所以記憶卡才會掉地上，兩個人在車上大吵一架。藥局到了，他沒地方停車便放我先下去，我賭氣揹起包包，心想我要一直往前走，再也不要回去了。結果買完藥出來，見他停了車站在那等。於是又大眼瞪小眼跟在他後面坐回車上，米線氣呼呼地轉動車鑰匙，噗噗噗！噗噗噗！

　　美和德！車子壞了，發不動。

您好，這裏是阿德拖吊行，我們從八月十二日起休年假，一直到八月二十七日為止，二十八日早上八點起恢復營業，敬請繼續支持，我們將竭誠為您服務！

CHAPITRE

2

米 氏 浪 漫

Le temps du pèlerinage

追求逝去的

獎 品 書

我 先 生 的 浪 漫 和 一 般 的 標 準 不 太 一 樣 。

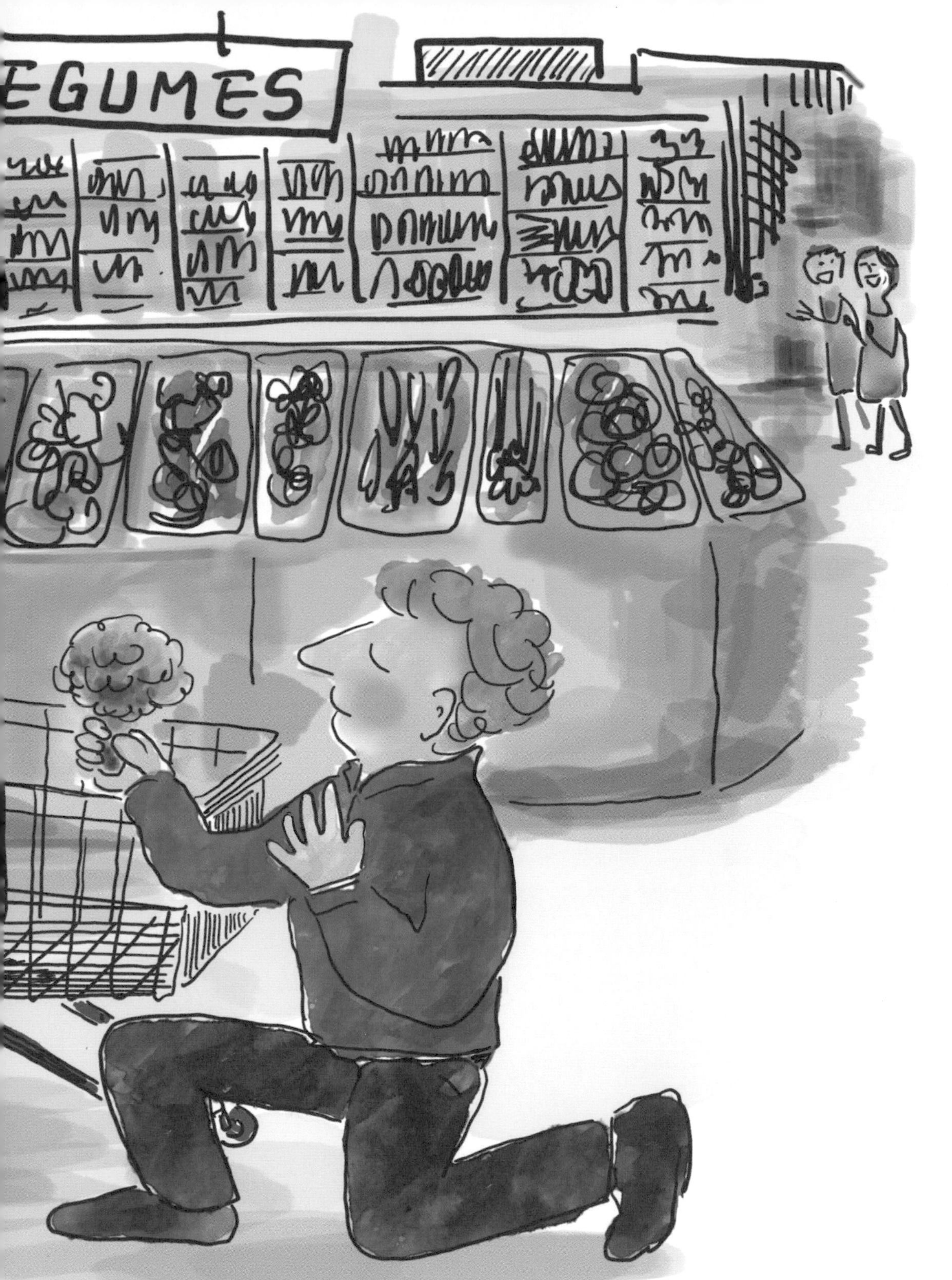
EGUMES

在台灣時常有人問我：「你的法國先生是不是很浪漫？」因為這是大家對法國人的刻板印象之一。

要看從什麼角度來界定浪漫這件事，如果從電影或廣告片上的美酒、玫瑰、巴黎鐵塔、咖啡館、美食和時尚，我必須說我先生離這些都很遠。但如果浪漫是指像小王子那種執著於某種純真的情感，那米線的確滿浪漫的，只不過這種浪漫也不限於法蘭西民族，我相信全世界到處都有。

這天，郵差太太送來一個給米線的包裹。他回家一拆，是一本已經有點年紀、紙張泛黃的大書，十六開紅色封皮燙金字，上面還貼著一張印了彩色小人兒的卡片。

我叨叨絮絮地講述著方才與朋友煲電話粥的內容，他一面嗯嗯哼哼，一面裡外端詳著那本大書，然後叫道：「這不是我的那本。」

「什麼我的你的？」

他說：「這是一本小學生的獎品書，專門在學期結束頒給那些成績最好的。我八歲那年得過一本獎品書，是喬治桑的《棄兒弗朗沙》（Francois le Champi）。」他搖搖手中的大書：「後來，家裡怎麼找都找不到，不曉得被誰賣掉了。這幾年我就想，如果上網找舊書，搞不好可以買回我的那一本……」

那是米線從鄉下轉到巴黎念小學的第二年，成績從吊車尾進步到還可以領獎品書。他忘了自己是第三還是第六名，總之，輪到他上去選他的獎品書時，他想要的

冒險和劍客故事都已經被排在他前面的小朋友選走了。他抓抓耳朵，看了幾下沒得選，便拿起《棄兒佛朗沙》。沒想到看完之後非常喜歡，喜歡到幾十年後還會想要找回那本故事書。

　　話說之前他已經試過一次，不過那次他只看到書單，沒有照片，結果寄來一看，當然不是。這次他在 ebay 上面看到照片了，結果還是不是。

　　這次這本的年分和他兒時那本的不同，不過「長得一模一樣倒是真的」。我便問，假如有天真教你找到一本裝訂一樣，年分也對的《棄兒弗朗沙》，你是有辦法認出是不是你的嗎？幾十年過去了，何況這中間經手的主人搞不好還會在上面作記號，亂打摺的。

　　他說：「當然認得！」

　　我露出不太相信的樣子。

　　他從書架上取下他的另外一本獎品書，翻開，封面裡側貼著一張小單，上面寫著米線麻油，幾年幾班，勤學獎云云。

　　「憑這個認。」他得意洋洋。

　　「那如果你找到一本裝訂一樣，年分也對……」我不懷好意地加上：「可是上面的得獎小單被撕掉的《棄兒弗朗沙》呢？」

　　「那就永遠不得而知。」他聳聳肩。

　　書海茫茫，找回小時候擁有過的一本故事書，希望本來就夠渺小的了，更何況就算找到，沒有足夠證據的話，也無法斷定。有點白花力氣的感覺，我想我不會做這種事，我也想不出有什麼東西會讓我有那種想要找回來的渴望（如果歲月不算的話），如果是我，到書店裡去買一本新的不就好了。

　　《棄兒佛朗沙》究竟在講什麼，讓你那麼喜歡？

　　米線輕描淡寫地說，就是一個寡婦，領養了一個小孩，後來那小孩長大了，便跟寡婦結婚。

一個浪漫主義者的起點

他說他那個時候很被這個愛情故事感動，儘管八歲的小孩可能不懂愛情。

我發現，雖然我家裡有堆積如山的超人漫畫和科幻小說，但會讓他深深懷念、苦苦追尋的，好像只有愛情故事，而且這些故事都是他在七、八歲到十幾歲出頭，在巴黎近郊和外公外婆同住時接觸到的。譬如說他還念念不忘當年某個不肯上床的夜晚，跟著大人看電視看到的一部長片，裡頭有個鬼，那個鬼愛上了一個年輕的寡婦，後來寡婦嫌人鬼相戀太不實際，決定要離開那個鬼去找真實的人相愛，那個鬼就黯然離去，而且消去寡婦對他的所有記憶。後來寡婦跟真人戀愛被騙了，就一直沒有再嫁，而且老是覺得若有所失，但就是想不起來自己到底是失去了什麼，後來寡婦老死了，也變成一個鬼，並發現原來另外那個鬼一直在等她，於是兩個鬼從此過著幸福快樂的日子。

你如果問他為什麼喜歡這些故事，他也說不上來，頂多回答因為有個好結局吧。如果結局不好，他會傷心許久，喜歡的程度就要打折扣。

但我想結局也只是一種說法吧，真正的理由恐怕還在於故事中描述的那種情感，而他心裡頭也有類似的東西，所以才會想把心愛卻被家人誤賣的故事書找回來，一件在我眼中有點傻，不太可能辦到的事情。

但真的不太可能嗎？你看他那種固執的樣子，搞不好喔。

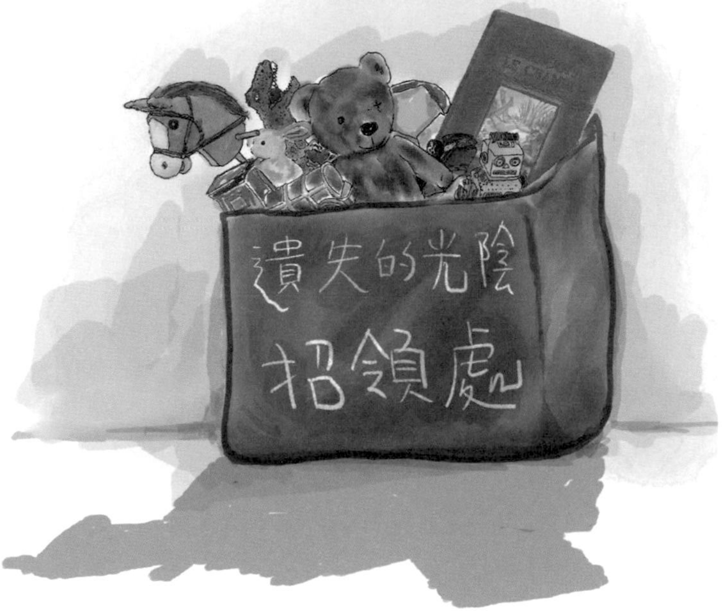
遺失的光陰
招領處

台式浪漫 Vs 法式笛卡兒精神

　　近黃昏時天氣很好，我拉著米線去森林散步。

　　森林裡悄無人聲。去冬一點也不冷，春神也早早就來報到，枝椏看上去雖然還光禿禿的，但新芽都冒出來了。枝頭有鳥在叫，我玩性一起，牠在枝頭啾一聲，我便在樹下「嗝兒」地打嗝，結果牠一聽我嗝，啾得更用力，就這樣啾—嗝兒—啾—嗝兒—啾—嗝兒，情投意合地對唱了一陣。我回頭朝米線眨眨眼，得意洋洋。米線打個手勢要我別嗝兒了，怎料我一住嘴，那鳥還兀自在那邊啾啊啾。這下輪到米線得意洋洋地瞅著我：「自作多情。」

　　樹影靜靜落在林中各處的水窟、水漥和步道兩旁潺潺輕哼著的水溝上。太陽正在下山，夜色躡手躡腳地從四下竄起，爬過一地的枯枝敗葉，爬上樹幹、枝椏，最後堆在枝椏末梢幾乎要滴下來。但夕陽仍未完全撤退，金爪子從林外斜斜地探進來，扣在樹幹上、枝椏上、地面上，一絲一絲熱切得扎人眼睛。金爪子也撲上了走在我前面那對老夫妻的白髮上，我覺得很美，舉著相機跟在後面按個不停。

米線拉拉我的袖子說：「別太忘形，這樣叫偷拍！」

我放慢腳步，回他說：「這畫面真感人，想想你以後得拄著柺杖走路時，旁邊有個女人深情不渝地陪著你⋯⋯」

「少來了，」米線說：「妳沒見那老太婆健步如飛，老頭為了跟上老太婆，喘得像頭狗⋯⋯」

Cui-Cui Cui-Cui Cui-Cui Cui-Cui Cui-Cui

－親愛的，人鳥之間的愛情是如此短暫虛幻，不如我們回家吃晚飯吧？

「我丟了我的袋子，在一條沒有出口的巷子」

除非有老鷹願意幫忙，不然妳只能再走兩小時回去撿那個忘在山下的賞鳥望遠鏡。

最近有點迷糊。

上個禮拜去超市買菜，米線正忙著把東西擺進菜籃裡，順手把他的背包交給我，叫我把背包裡的夾克拿出來，因為他的信用卡在夾克口袋裡，我依言而行，必恭必敬地拿出他的信用卡，好讓老爺去付菜錢。買完菜兩個人興高采烈地手牽手走到停車場，把菜擺進後車廂，然後又興高采烈地開了大概十幾公里的路回家，把車停進地下停車場，熄了火，米線還很高興地親我一下，因為他今天晚上終於不必再吃麵條拌醬油。兩人下了車，開了後車廂，合力把菜籃提出來。

「我的包包還我吧！」

「包包？」

他很緊張地把上半身探進車了裡束張西望。

沒有。

「呃……可能有人把你的包包忘在超級市場那個櫃檯旁邊。」

米線：「大便！大便！」（註：法蘭西土著遇事習慣嘴裡嚷嚷：「美和德！美和德！」，而這「美和德」翻成咱們的國語，就成了大便。）

「這會兒叫大便也沒用，」我趕緊獻策：「不如我們快回去超級市場的那個櫃檯邊取回包包吧！包包裡面有什麼？」

包包裡有身分證、護照、大哥大、三本蜘蛛超人的漫畫、一張現任老婆的大頭照，還有其他許許多多他覺得價值連城的東東。

於是先把菜籃提回樓上，把裡面的優沛蕾水果冰棒放進冰箱後，又到地下室去把車開出來。偏偏平常不會塞的小路，轉眼之間竟叭叭叭地擠了一排金龜車，「碧溪村年度老車大遊行」，眼見那米線臉上的美和德越堆越多，我趕緊打開收音機，來段音樂合緩一下緊張的氣氛，沒想到竄出一段饒舌歌，一個傢伙正興高采烈地唱著：「我丟了我的袋子，在一條沒有出口的巷子（j'ai perdu mon sac, dans un cul de sac）」我說，這也能當歌兒唱，那我也會作詞了！米線便說，唱得好。米線好不容易穿過那個「碧溪村年度老車大遊行」的陣頭，上了高速公路。收音機開始播報新聞，席哈克又怎樣怎樣，美國總統又怎樣怎樣，政府的退休金改革又怎樣怎樣，工會又怎樣怎樣。收音機報一句，米線就罵一句。我發現這位先生處於精神緊張的亢奮狀態時，便更愛罵人，從法國總統罵到交通警察，從小布希罵到垃圾處理，還有剛才那個從我們後面超速超車的傢伙。就差不敢罵我。

終於來到超級市場的停車場。米線好像〇〇七那樣跳下車，接著又好像〇〇七那樣大步邁向超級市場的入口，竟忘了像平常那樣過來牽著我的小手！我只好像〇〇七的助手那樣追上去。超級市場似乎一下子變得好大，跑了好久才又跑到那個半個鐘頭前我們結帳的櫃檯，那個結帳小姐正在跟顧客哈啦。身為那個把人家的包包忘在櫃檯邊的罪魁禍首，我只好很英勇地「呃」了一聲。

小姐抬頭望見我倆，竟道：「包包嗎？」

　　二人一聽喜出望外地齊點頭，小姐說，剛送到市場入口的警衛那邊去了。

　　於是○○七和他的牽……呃……助手，又跑過這個好像隨著宇宙擴張論，愈變愈大的超級市場，來到入口的警衛崗位上。

　　「您好，」米線喘著氣說：「我們來找一個黑色背包，ＸＸ牌有點破舊，長寬高大概是……」

　　那警衛的蔥頭上冒出很多問號，不曉得我們在說什麼。米線很緊張，又重覆了一遍，蔥頭警衛便拿出他的對講機，嘰嘰咕咕講了幾句，要我們到超級市場的另一頭去找另外一個警衛。結果我們到另一頭等了半天，那個洋蔥頭警衛才珊珊來遲。

　　米線又把他的包包形容了一遍。

　　洋蔥頭警衛一聽，取出對講機準備問超級市場這一頭的蔥頭警衛時，米線說，呃，剛才您的同事跟您通過話，是他要我們來找您的。洋蔥頭警衛說，是喔，我怎麼忘了！沒錯，就是我找到您的包包的。只見他轉身打開儲物箱，然後像刑事組組長在處理重大刑案現場那樣搜尋了一回，終於從那空蕩蕩的偌大儲物箱，取出裡面唯一的一只ＸＸ牌有點破舊的黑色背包，得意洋洋地說：「東西全在裡面。」

　　米線差點喜極而泣，忍住淚水迅速地拉開背包拉鍊，確定他那些寶貝兒都沒丟，便緊緊抱著他的包包，千謝萬謝而去。

　　不過他這次沒忘了把我也牽走就是。

　　過了幾天……

　　傍晚我們去附近的游泳池，買票入場前有一個小朋友急急忙忙地折回來，跟賣票小姐說，我忘了我的一塊錢。小姐便讓他進去了。我們買完票要進去時，只見那個小朋友很失望地走出來，他的一塊錢不見了。米線還跟他說，所以下次不可以忘了你的一塊錢囉！我們走到更衣室前，米線便掏出一塊錢，讓我可以把東西儲藏在女更衣室的儲物箱裡，還一面叮囑，待會兒取回東西時，別忘了一塊錢。我滿口答應，前車之鑑不遠，怎麼可能會忘！然後我們就去換衣服，接著到游泳池裡魚兒魚兒水中游，游了一個小時上來，沐浴更衣。我換完衣服出來，在游泳池前找到米線時，還很得意地把一塊錢秀給他看，哼，別瞧不起人。只見米線一副忍俊不住的樣子，最後忍不住指著我的光腳大笑：

　　「那妳的鞋子呢？」

－你覺得這句如何：「地鐵裏的人頭，
　　　　　看起像一顆顆，
　　　　　患了貧血的蘑菇頭？」
－親愛的，我對RAP實在沒什麼感覺耶...

巴黎馬戲團

　　婚後不久，小孩尚未來報到前，我們住在巴黎郊區一處小城中，兩人開始互相磨合。米線生性不喜冒險，做什麼事情皆需規畫好，一旦碰到意料之外的事情，每每手足無措，抱怨連天。我卻剛好相反，總是隨興所至，任意東西。

　　那陣子我常想起錢鍾書曾用圍城來比喻婚姻：「像一座城裡的人想出去，城外的人想進來。」

　　這天來了一個馬戲團，帳棚就紮在村子西北邊上。早上我坐在屋裏譯書，聽見屋外有音樂聲還有擴音機的廣播聲，本來也沒留意，但那種熱鬧的感覺好像在台灣，心上便有點跟著歡喜起來。廣播聲在附近盤旋了一陣也就走了。中午我出門辦事，等紅綠燈的時候，對街巷子裏竟又轉出一輛畫得五彩繽紛的宣傳車，播放著同樣的廣播聲：「巴黎馬戲團！巴黎馬戲團來了！碧溪的父老兄弟姊妹小朋友！快來看巴黎馬戲團為您帶了的獅子、老虎、鱷魚、大象！快來！快來！今天是碧溪鎮的巴黎日！巴黎！巴黎馬戲團來了！」

　　突然我覺得巴黎好遠，而碧溪（Bussy）是個擊壤而歌的地方，日出而作日入而息，和鄰村雞犬相聞卻老死不相往來，除非頭髮太長的時候，因為這附近唯一的理髮師在那邊開業。平日鮮少娛樂，星期天市政府前面有市集，也許可以聽到那些流動攤販講些旅途中的趣事。這會兒京城來了個巴黎馬戲團，獅子老虎大象鱷魚，馴獸師、吞火人、空中飛人和走鋼索的，還有那笑料百出的小丑，這盛況簡直只有「驚天動地」四字差可比擬。

　　然而現在的碧溪已經成了巴黎上班族的「宿舍區」，首都不再遙不可及，坐快線列車半小時可達，碧溪居民一大部分每天必須進城營生，巴黎馬戲團的吆喝此時聽起來顯得過時而荒謬。

　　我記起從前聽說過一個埃及來的留學生，後來也不唸書了，跟著馬戲團跑江湖，十幾年沒領過居留證。我便想，那人八成會耍點特技吧，於是有點後悔自己連倒立也不會。因為我最浪漫的想像之一，就是跟著一個馬戲團到處流浪。

　　星期天下午和米線開車出去兜風，我說我想看看那馬戲團的帳棚。

　　一隊大人和小孩剛好從帳棚裡鑽出來，一場表演剛

結束呢。我聽見其中一位媽媽跟穿著馬戲團背心站在路口維持交通的捲毛男人說，你們的宣傳單上說有獅子，有「叢林之王」，但我連一根獅子毛也沒看到。男人說，呃，我們的母獅子懷孕了，脾氣不好，放出來危險。那位媽媽頗不以為然地牽起小孩的手，走到馬戲團放在路邊的兩個獸籠，裡頭關了兩對獅子，其中一頭公的一直對著籠邊圍觀的人咆哮，後來索性騎到母獅子身上，眾小朋友開始怪叫和搗著嘴偷笑，我趁機鑽進帳棚裡，另一個捲毛男人坐在那兒抽菸。

「嗨……呃……我是來……」我一副被逮到的樣子，緊急想出一個問題：「你們……下一場什麼時間……」。

那人臉上露出了一個微笑，比了一個手勢。

我說：「明天嗎？」

他搖搖手，又比了一個手勢。

原來是個啞巴，不然就是個還不會說法國話的外國學生。我膽子大了些，舉起相機晃一晃。

他點點頭。

－這個非洲來的馴獸師很厲害
他等下會讓大象獅子和老虎全跳進他的帽子裏！

這位太太，裏面還有很多位置，您想不想進去參觀一下？

我爬到觀眾席上按了兩張，背後一個女人聲音響起來：「您就是那位先生到處在找的迷路太太嗎？」

我趕緊跳下去，收起相機。她有點嚴厲地看著我，是一個頭髮很黑，口音很重的吉普賽女人：「您在這裡做什麼？」

我突然明白了前面那兩個男人為何都是捲毛和深色皮膚：這是一個吉普賽人的馬戲班子。

「我對你們的馬戲表演很感興趣，」吉普塞人極端封閉，絕對不可能收留我：「想知道下一場的表演時間。」

「所以您剛才沒看表演？」

「沒有。我來遲了。」

「那您得等到後天下午兩點，還有大後天晚上六點。明天休息。」眼光銳利得好像刀子。

我垂頭喪氣地走出來。米線站在那排裡頭可能關著犀牛和駝鳥的貨櫃車旁東張西望，見了我，鬆了一口氣說：「怎麼一轉眼就不見人？」

我指指帳棚：「你剛剛跟那個女人怎麼說？」

「她問我站在這兒做什麼，我說找我太太，她叫我等一下，她要去幫我找，還說這種老婆突然走丟的事情她見多了⋯⋯」

－把帽子還給人家吧！他們要休息了。

悼紅玫瑰

那天米線下班回家，帶了三朵玫瑰花給我。

先說他上次買花給我是好幾年以前，有次他回家前繞到中國商店幫我買泡麵，中國商店旁邊有家花店，花店老闆跟他推銷。這次則是因為這兩三個月來，我一直跟他暗示偶爾也要浪漫一下買花送老婆的關係。

其實我也不是特別喜歡花。但為什麼會那樣暗示？也許是出於一種對婚姻生活的存在性焦慮，我是說，總得想點小花樣來製造生活情趣吧。

儘管這是全世界最常使用的小花樣之一，但好像有點效。因為我拿到那三朵包得很漂亮的玫瑰花時，居然很開心地在屋子裡跳來跳去。米線覺得很有成就感，不過馬上補一句：「欸，先說我不會天天買喔！」

（牛牽到北京還是牛……）

我拿出一個用來收湯匙的大玻璃罐，小心翼翼地把三朵已經算是盛開的玫瑰花插進玻璃罐裡。我說，你下次買花要挑那種還沒全開的。米線說，送花不是應該送花開得最漂亮的時候嗎？我說，可是送那種還沒全開的，才可以擺久一點，然後看花漸漸開了……

「又要看它孤伶伶地漸漸凋零，」米線說：「還不如雙方相聚的時候，有最美麗的花可以一起欣賞，就算隔天花便謝了也無所謂。」

結果第二天我起床一看，那一朵要價兩塊五毛的玫瑰花，其中最小的那朵已經垂下頭去了。我趕忙為它們換水剪枝，到了下午，另外那兩朵也開始露出「我不行了」的樣子。我有點沮喪，原來好花不常開的道理竟然真實到如此殘酷的地步，何況這又不是曇花！

於是我想到要幫它們照相留念。不過我那台數位相機有點遠視，東西太近焦距就對不準，弄了半天。

隔兩天上超市買菜，超市正推出「玫瑰特賣會」，一把二十朵，什麼顏色都有，才賣六歐元，一大堆人在搶，我推著米線說：「快點你也去拿一把，選那種還沒有開的哦……」

米線真的挑了一把很有精神的玫瑰花，全是剛開的蓓蕾。晚霞滿天的顏色。我很滿意地點了點頭。

過了一個禮拜，今天那把晚霞滿天的玫瑰花們，不只葉子凋了，花瓣也皺了，眼見就要掛了。

問題是，那些花蕾還是原來的大小，從來沒有一點要綻放的意思。

－你們有沒有什麼不要太貴又不會一下就凋謝的花？
－在這種情況下，先生，仙人掌是最佳的選擇！

在敏樂大媽家那邊

他們正在穿過一片金色的森林。

敏樂大媽住在這個世界盡頭的一個坑裏面。

　　米米趴在車窗旁，小鼻子頂著冷颼颼的玻璃。他們正穿過一座金黃色的森林，多哥坐在旁邊玩媽媽剛買給他的生日禮物，一輛小汽車。米米本想一起玩，但多哥不肯，米米只好望著窗外發呆。想到等會兒又要看到敏樂大媽，心情真是糟透了，糟到金黃色的森林頓時變成一片烏漆麻黑。

　　「總算見晴了，」前座的爸爸轉頭對計程車司機說：「孩子們萬聖節期間不上課，太陽也跟著放假……」

　　「可不是，不然十月底十一月初，還有暖和日子呢……」司機先生說：「那麼待會兒我還是載您回洪布耶去搭火車嗎？」方向盤急急往右邊打轉，為了閃避對面來車，裡頭肯定是個醉鬼。

「呼！」爸爸用手臂抵著車門，趕緊回頭看看兩個兒子有沒有事，多哥的小汽車一下子拿不穩掉了下去，爸爸說：「一年前在這條路上，對方也是個酒醉駕車的，我為了躲他特別把車停在路邊，結果還是撞上了，碰！我那輛太子妃車頭全碎，我胸前一片烏青，米米坐我旁邊，肩骨裂開，倒是坐後面的多哥兒沒事。」

「哎呀呀！」

「可不是，他們到現在還沒找到那個方向盤，八成四分五裂飛到這洪布耶森林的各處去了，您瞧瞧那個撞擊力道！」爸爸說：「我的律師還在跟保險公司談理賠，都一年了，每次來接兒子都得搭火車，再搭計程車……」

司機先生露出同仇敵愾的樣子，跟著損了保險公司幾句，然後道：「那麼待會兒我還是載您到洪布耶去搭火車嗎？」

「好，麻煩您，」米米的爸爸說：「我帶孩子進去，跟他們道個別，不用多久。」

兩年前，他第一次帶米米和多哥來到敏樂太太家，米米還不到五歲，躲在他的腿後面，露出半邊臉，不肯像大他兩歲的多哥那樣跟敏樂太太道日安。敏樂太太看來一板一眼，顴骨很高，鼻子像把彎刀，不太笑，一張臉上像十二月的霜天。米米的爸爸心裡有點遲疑，但瑪蓮已經跟人家兒子講好了，他們家的米米和多哥就托給對方住在聖提拉利昂那邊的老母親帶，每月多少伙食費。瑪蓮和他這一年來愈吵愈厲害，雙方心裡都有數，

這場夫妻大概做不下去了。但總得先安排多哥和米米，瑪蓮說她不能帶，他也要上班沒辦法，只好找個保母，先送去寄養。

敏樂太太看來一板一眼，顴骨很高，鼻子像把彎刀，不太笑，一張臉上像十二月的霜天。

晚餐時，瑪蓮對米米和多哥說：「你們常常這樣咳嗽流鼻涕，都是因為巴黎的空氣不好，應該讓你們去住鄉下，那邊空氣新鮮。」

　　夜裡上床後，多哥在黑暗中跟米米說：「媽媽和爸爸要離婚，打算把我們送走，騙我們說是為了呼吸新鮮空氣。」

　　米米非常擔心：「什麼是離婚？」

　　多哥跟他解釋，但米米不確定自己是不是真明白。

　　倒是當爸爸把他和哥哥留在這個活像從圖畫書中走出來的巫婆身邊，並彎下腰來親吻他，跟他說再見時，他覺得自己成了一個孤兒。

　　聖提拉利昂就在這個世界盡頭的一個坑裡頭，只有一條土路能通。土路一邊是市公所，另外一邊是小學。小學這棟樓又一分作二，兩個入口。米米早上吃完早餐，從敏樂大媽貸居的這個門走出去，繞半圈屋子，來到另外一個入口前面，裡面就是教室。小學兼幼稚園。十幾個孩子，一個女老師。

　　下課時，米米就黏在多哥的屁股後面，如果那群年紀比較大的孩子嫌他累贅，他便跑到院子門口，對著土路的盡頭張望，希望能夠像上次那樣把爸爸望來。那次真的很神奇，他站在門口一直看著路的盡頭，心裡唸著：「爸爸來，爸爸來，爸爸來……」然後一輛汽車從地平線上冒出來，噗噗噗地愈駛愈近，愈駛愈近，竟然是爸爸的雷諾太子妃！

　　米米興奮地躍進爸爸的懷裡，不然他得在這個離巴黎六十二公里的天涯海角，遙遙無期地等上兩個禮拜，才能等到爸爸來帶他們回家過週末。爸爸抱著米米，牽著多哥進到教室和老師講了一回。老師遞給爸爸兩個小杯，要爸爸帶他們到對面市公所旁邊的廁所去，爸爸拿著小杯子，教他們尿在裡面，多哥先，然後米米。米米對不準，尿得爸爸手上都是。爸爸掏出手帕擦擦手，然後走進市公所將小杯交給一個穿護士服的太太，並在太太要他簽名的紙上簽了字……

　　「米米！」

　　他睜開眼睛，是多哥在推他：「敏樂大媽喊吃晚餐了，快點！」

　　侯貝和菲立浦已經坐在餐桌旁，米米和多哥爬上他們的位子。敏樂大媽開始分食物，侯貝和菲立浦年紀比較大，但常常只能分到南瓜湯和馬鈴薯。米米聽多哥說，院子裡其他一起玩的孩子告訴他，侯貝和菲立浦的媽媽是一個妓女，付不起敏樂大媽伙食費，所以敏樂大媽只給他們菜湯喝，讓他們睡一樓那個冷冷黑黑會鬧鬼的小房間。

　　和侯貝以及菲立浦一起患難的，還有敏樂老爹。村裡頭都在傳說敏樂大媽虐待丈夫，從不許他踏入她房裡一步，給他吃剩菜，還罰他和那兩個妓女的小孩一起睡。

　　米米還蠻喜歡敏樂老爹的，他雖然都不跟他們一起用餐，也很少說話，但樣子慈祥多了，不像敏樂大媽那樣讓他看了心裡發毛。米米想對老爹說，你為什麼不「離婚」，像我爸爸媽媽那樣。

米米想對老爹說,你為什麼不「離婚」,像我爸爸媽媽那樣。

那天，他的爸爸媽媽一起來接他和多哥回巴黎，媽媽在車上向他們宣布：「我們已經離婚了。」多哥問：「那我們要在敏樂太太家一直住下去嗎？」米米沒勇氣聽大人的回答，轉頭看窗外那片三月底已經發芽發得生機蓬勃的森林。

　　夏天，他們先跟媽媽到海邊度一個月的假，然後又跟爸爸去山上一個月。多哥對米米說：「從前我們只度一次假，現在變成兩次！」米米嘆道：「要是可以不用再回敏樂大媽家就好了！」多哥跟米米一樣討厭敏樂大媽，但身為一個小孩子，對命運除了逆來順受，還能如何？

　　夏天過去，洪布耶森林的葉子變成黃色、紅色、橘色和咖啡色，然後所有的顏色一起掉在地上，被白白的雪花埋住。每隔兩個禮拜，不是爸爸開他的太子妃（直到那次出車禍），就是媽媽包計程車來接。米米只看過侯貝和菲立浦的媽媽一次，多哥帶著他躲在廚房窗戶後面偷看「那個妓女」。她的臉色很蒼白，一直咳嗽。過不久，侯貝就不上學了，和那附近大部分的農村子弟一樣，唸完小學考到修業文憑就進入社會工作，只剩下菲立浦還跟敏樂太太住著。

米米最好的朋友是一棵棕樹，他常常到森林中找他聊天。

聖誕節過後，敏樂太太決定退租，搬到雷沙去。

雷沙離聖提拉利昂只有幾公里，三、四戶人家，米米和多哥要讀書，得沿著屋子後面那個池塘，穿過一大片林子，走到最近的噶茲洪去上小學。林子裡有個瓦贊莊園，莊園裡頭住著一個德費爾伯爵。他聽大人說，伯爵為了鄰居們方便，領地上不圍柵欄，開放讓大家走路，這樣大家上街就不用繞遠道從大馬路過去了。

天氣開始變暖，米米和多哥的最新遊戲是到林子裡去玩「白神駒」。敏樂大媽有次帶他和多哥到雷沙唯一有電視和電話的那戶人家去看電視，一部電視長片，講一匹叫「白神駒」的野馬和一個小男孩之間的友情。「白神駒」後來遭眾馬賊追捕，跑啊跑，跑到海邊，眼見追兵愈近，於是寧可往海裡跳，也不願被人類抓回去。米米和多哥輪流，一個當白神駒，另外一個演壞蛋。那天還有其他幾個小孩，輪到米米當白神駒時，他愈奔愈急，回頭一看，怎麼後面追的是敏樂和侯比熊兩位大媽，還揮著鞭子！心中驚恐，腳下便絆到一塊樹根，跌破了額頭，摔斷了手骨，被送到洪布耶的醫院去上石膏。

　　侯比熊是住在雷沙的另外一個保母，手裡老是拿著一根鞭子。很久以後，當米米長大，頭髮和他父親當年一樣開始發白，開始像許多大人那樣感到一種追尋逝水年華的需要時，有天他駕著他那輛寶藍色的歐寶，憑著記憶，找到那個已經沒有敏樂太太、也沒有侯比熊人媽，甚至已經不叫雷沙的小聚落，橫在他面前的是一道鐵門，鐵門上掛著一個牌子，上頭寫著「瓦贊莊園」。看來雷沙已經被德費爾家買回或收走，而伯爵子孫對柵欄和監視器的信賴，顯然遠超過對人類的信心。

　　他雙手握著鐵門柵欄，轉頭對我說：「妳看見那邊那間像柴房的屋子嗎？從前是一戶人家，我們就住在裡面。」雷沙的老屋幾乎都拆掉了，唯有當年那座最破落的穀倉還搖搖欲墜地佇在那兒，像一個抹不掉的記憶。穀倉前擱著一把梯子，米米從敏樂大媽家的窗戶看出去，看到侯比熊太太養的那幾個小孩，光著膀子從梯子上溜下來，赤腳在一月隆冬的雪地裡跑來跑去。「那些也都是妓女的小孩，」多哥附在他耳邊道：「他們的媽媽給的伙食費很少，不然就是根本沒給。所以你看侯比熊大媽拿鞭子對付他們。」

　　金黃色的森林已經被計程車遠遠地甩在後面，兩邊路樹一棵一棵往後飛，雷沙愈來愈近，敏樂大媽向侯比熊大媽借了鞭子，正等著他們歸來……米米想到這裡，身子不禁坐直了起來，回頭望著，像他每次盼爸爸媽媽來時那樣對著路的盡頭在心裡說：「我不要去，我不要去，我不要去……」

然後他們就到了。

米米爸帶著兩個兒子進門，敏樂大媽和老爹都在廚房裡。寒暄過後，敏樂大媽對米米爸說：「對了，馬由先生，您還沒給我這兩個月的費用。」米米爸說：「是嗎？我怎麼記得上次來帶他們回去過萬聖節假期時就預付了。」「不不不，」敏樂大媽堅持，「您還沒給我十一、十二月的費用。」

米米爸在半信半疑中，把錢數給敏樂大媽。

敏樂大媽收好伙食費，然後走進米米和多哥的房裡，拿出兩個藍色的行李箱，說：「那您領他們回去吧，我沒法子再帶他們了。」

頓時米米和爸爸都以為自己在作夢。

「怎麼可能，您剛還跟我收了……」

　　敏樂大媽露出一副「所以說你上當了」的樣子，米米眼看著爸爸頭頂開始冒煙，聲音愈來愈大，甚至忍不住抓著敏樂大媽的肩膀，搖了好幾下。敏樂大媽早就料到對方會有類似的反應，倒也不動如山，堅決不肯將已經到手的鈔票還給人家。

　　米米爸氣急敗壞，轉頭對坐在一旁的敏樂老爹說：「您也說句話呀！」

　　敏樂老爹對有人竟然向他求救，一來不可置信，二來愛莫能助：「我？您也不是不知道我……」

　　計程車司機還在門外等著，一面將第三隻菸屁股踩熄。眼見情勢比人強，米米爸只好認栽，提起行李，氣沖沖地走出來，要計程車司機直接載他們父子回巴黎。米米突然想起菲立浦，堅持要去跟他道別。以後敏樂大媽家就只剩他了。菲立浦非常傷心，兩泡眼淚在眼眶裡打轉。

　　多哥興奮得幾乎坐不住，也忘了生日那天媽媽買給他的小汽車，一直說如果能在晚上七點以前到家，他們還趕得上這一集的《彈弓俠鐵力》。後來他們在巴黎城門外碰到大塞車。米米覺得他從來沒看過那麼金黃、那麼漂亮的落日。

朝聖時光

（馬賽爾之家）

Chez Marcel

Tunnel temporel
Pour trouver
Vôtre temps
Perdu
5€/ per

（可以為您找回逝去光陰的時光隧道）

上一回我們找到雷沙的時候，因為米線不太確定那裡是不是他住過的地方，所以我的相機也沒有動作。後來他查明白了，確定就是那兒，於是我建議趁萬聖節放假再去拍照。

我們一靠近那個標示著「瓦贊莊園」的牌子，一隻狗就開始呼天搶地。上次來也沒聽到有狗。不多久，一個女人在柵門後面現身。

米線向她說明來意。我那時站在一段距離之外，沒聽見他怎麼跟她說。太太開門讓我們進去。米線終於站在他們從前跟著敏樂大媽住的那棟屋子面前，我看他眼底閃著一種光亮。

他低頭彎腰走進那間曾經發生奇蹟的廚房：敏樂大媽跟他爸多要了兩個月的生活費，然後把他們攢走。廚房十分狹窄，堆滿雜物，布滿灰塵，從前敏樂大媽帶的那幾個孩子都得端著臉盆，咚咚咚跑過巨大無比的廚房，到角落上的一個水槽上接水洗澡，爐子上的燉肉正咕嚕咕嚕地冒著香氣。

米線說：「那種感覺好奇怪，你似乎找到你要找的東西，伸手去撿，但怎麼撿都撿不起來，只能看著。」

那女人的相貌十分和善，是莊園管理人的妻子。她見米線那個模樣，就跟他說，你如果也想到池塘那邊走走，下次先打電話或寫信約好，我們可以帶你過去。米線喜出望外：「寫信給德費爾伯爵嗎？」女人說，不用！他不會願意的，寫信給我先生就行，現在秋天林子裡有人打獵，等春天吧。於是把她家電話地址留給我們。

　　出來後我問：「你一開始是怎麼跟人家講的？」

　　他跟她說：「Il s'agit d'un pèlerinage.」（我是來朝聖的）。pèlerinage（朝聖）這個字在法文裡，除了宗教上的涵義，也指前往某地緬懷追思故人故事。Pèlerinage 意謂著旅程，漫長而艱辛的旅程，意謂著誠心和誠意，甚至暗示著「人生」，因為人生在世宛若一場朝聖之旅，方向因人而異。

　　想要找回逝去的光陰，自從這幾年我來法國生活後，這毛病其實也患得厲害，只不過我僅稱之為「鄉愁」，既謂之愁，當然只能坐在那邊任其發作，那些過往生命中的人、事、物、風景、聲音、顏色、氣味，一件件在腦海裡飛過，有種懊悔，老之將至，無可奈何。

　　米線的「朝聖」要比我積極多了，也許有一天真的教他找到了什麼也不定。就像站在黑暗的森林裡，對著路的盡頭一直許願，然後光亮的那端就會有奇蹟出現。

河狸鼠

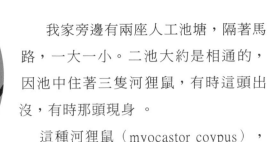

我家旁邊有兩座人工池塘，隔著馬路，一大一小。二池大約是相通的，因池中住著三隻河狸鼠，有時這頭出沒，有時那頭現身。

這種河狸鼠（myocastor coypus），或稱狸獺、沼狸，原產南美洲，肉可食，毛可製裘，頗具經濟價值。台灣還有人拿牠的香腺來代替麝香。法國從十九世紀開始進口養殖，一百多年來，落跑的加上放生的，如今遍布全法，南邊尤甚，因北地寒苦，不利此一熱帶外來物種生存。但現在法蘭西島、亞爾薩斯等偏北的區域，也都能見到牠的蹤跡。我在法蘭西島區內遊覽，遇上也不只一兩回了，剛開始以為是大老鼠，瞿然視之，身體加上尾巴至少一公尺。

此物生於池塘沼澤水渠中，善掘地洞地道，有陷堤和導致水渠阻塞之虞，又會囓食附近農家的作物及儲糧，傳染疾病（鉤端螺旋體病），再加上是外來種，沒有天敵，愈生愈多，故被視為有害，法律允許人民攻之伐之獵之毒殺之，各地抗狸鼠協會皆紛紛呼籲民眾見此惡獸，皆應儘速通報，以防患未然。

話說我家旁邊那三隻，自去年發現到現在，也沒見多出來，也許是同性，也許生了小的尚未長大，就被貂或鷹、鴞等猛禽吃掉了。鎮日在池中優哉游哉，也不怕人，常見鄰居在池畔駐足觀賞，甚至餵

啊！蜘蛛！！

食。昨天見我拿著相機在池畔按個不停，除了大演泅水神技，甚至爬出水面，搔首弄姿。我覺得腳邊毛毛的，怕另外一隻要從後面抄過來扯我褲管，那我不嚇得相機都掉在地上？愈想愈有可能，決定草草了事，逃之夭夭。

　　在電腦上將照片放到最大，那鼠眼中竟還映著我的影子，轉頭對米線說：「啊呀被牠看到了，不曉得會不會找上門來？」米線放聲大笑曰：「那妳明天給人開門時要看清楚，對方有沒有橫長的白鬍子，橙色門牙，一頂鴨舌帽壓得低低的，大衣都拖到地上了，還露出一截棍子尾巴……」

　　也許，在我對大自然信誓旦旦的熱愛中，深藏著某種非理性的恐懼。

夕陽無限好，

只是看不到

七月三日
麥子熟了

　　傍晚出去散步，發現田裡的麥子都熟了，一片金黃。兩個禮拜前隨手拍的照片上麥穗都還是青的，只抽出黃色的鬍鬚。這邊的麥子長得還真快，五月中旬種下去，七月初就熟了，也許過不久就要收割了吧？看來農人們七、八月是不能像大家那樣去放暑假的。

　　麥子之前種的是油菜。三、四月的時候法國北部常看到黃澄澄的油菜田。想不起舊日住在南法時有過這樣的印象，只記得葵花田，一到陰天，那些向日葵就會東張西望地找太陽。有一次我和落落去利布爾那（Libourne）她的外婆家玩，接著我們又開了一百公里的車到另外一處叫塔勒蒙（Talmont）的小鎮玩。如今我閉上眼睛，還可以看到一路上都是葵花田，我們在田裡鑽來鑽去，那些葵花好高好大，幾乎要跟松樹一樣了，全都在那搖頭晃腦，東張西望地找太陽，有些還彎下脖子，看看太陽有沒有躲在我們這輛經過的小汽車裡。

　　然後我們在塔勒蒙見到一個很像休葛蘭的傢伙，夭壽像的，像到我跟落落都覺得不虛此行。

　　再張開眼睛，眼前是這片尚未受到記憶沾染而發生突變的麥田。寫日記就是這點不好，證據確鑿，由不得記憶誇大其事。

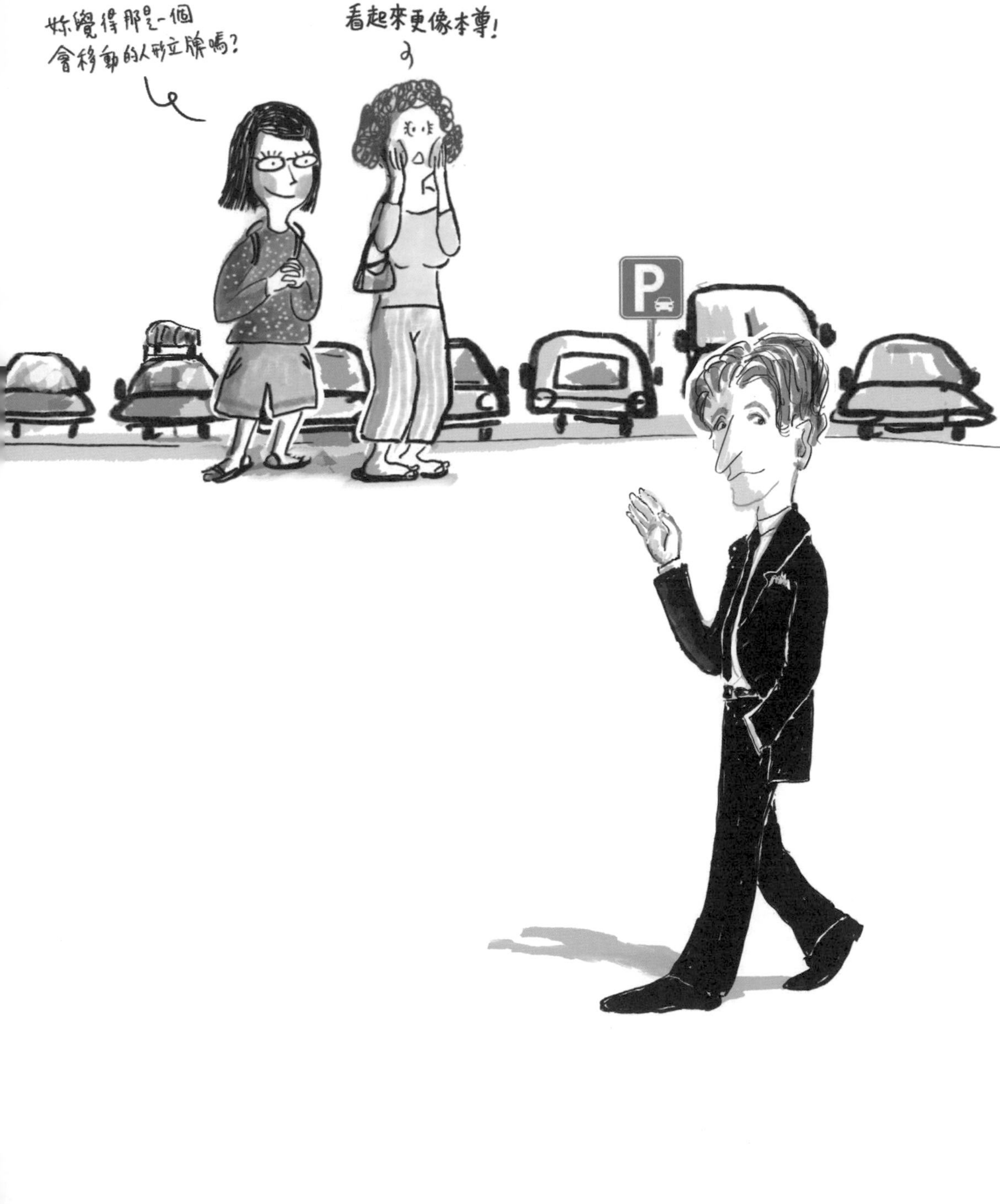
妳覺得那是一個
會移動的人形立牌嗎？
看起來更像本尊！
P

七月十七日
夕陽無限好 只是看不到

　　這兩天都是晴時多雲偶陣雨的天氣，我坐在桌前譯書，一下子屋裡暗得須起身開燈，一下子後頸又被太陽光曬得發疼。

　　昨天晚上近九點，晚間新聞播報完畢後，見夕陽柔媚，便偕米線去看落日。七月中旬的晚上還是很熱，我們往河谷中走，夕陽仍在天際，天上有雲，可是很淡。河谷中有土路，其中某幾個路段不知何故特別積熱，經過時，一股燠熱從腳下冒上來，米線怕熱，哀哀叫。

　　夕陽掉得很快，從河谷入口走到池塘邊也不過十幾分鐘，本來還掛在天邊的夕陽，已經快落到地平線上的一排樹後面去了。米線要去追太陽，便跑了起來，我說你不曉得地球轉動的速度是每小時一六六六公里嗎？何苦來哉？他仍不死心地跨著大步。倒是我發現東邊天空的雲，被夕陽染上一種很嫩很嫩的薔薇色，看不到夕陽，

看這些雲不也蠻好看的？米線這人真是執著。

　　今天雲還是很多。晚間出門散步時，眼見西天一輪極美好的夕陽，心想這下可逮到了。因有昨日的前車之鑑，於是加快腳步向前行。這回我們是往市政府前的廣場走，那邊視野才好，可以俯瞰整個婆娑谷。米線又開始跨起大步，他追夕陽，我追他：「喂！走慢一點啦！」他說：「走慢一點，待會兒太陽又被雲遮住了……」一語成讖，待我正要跨上廣場之際，只聽見米線在前面大叫：「啊啊啊，快一點快一點！」一大片雲海就要將夕陽淹沒了，才眨個眼睛的時間而已。果然天有不測風雲。

　　夕陽底下有個農人在收割，揚起一陣陣沙塵。從上次看到麥穗成熟到今天，剛好又過了兩個禮拜。

界線限制了我們.

跨越界線需要勇氣.

界線使我們必須做出抉擇.

也能為我們帶來啟示.

七月二十六日
星星出來了

　　晚上九點半，白天的暑氣差不多都消了，我們便外出散步。走到市府前的廣場，那裡居高臨下，可以俯瞰整個婆娑谷。

　　米線站在滿天的彩霞下，一面獨立蒼茫地抽著煙，一面找天上哪裡有星星。西邊有一顆特別亮，竟能和夕陽爭輝，夜色從東邊逐漸侵襲過來，眼前的天空儼然是一條日與夜的界線。

　　我對「界線」向來感到興趣，自然的界線，文化的界線，心靈的界線。我看世間萬象，也總喜歡去找界線在哪裡，為什麼會有這樣一條界線，界線到底有什麼意義，沒有界線的世界又是什麼模樣？

　　站在界線上，總能讓人生出一種神秘的感受。東邊那排已經被夜色籠罩的屋子，宛若有靈。我想起皮亞拉（M. Pialat）的《惡魔天空下》（Sous le soleil de Satan），片中的神父有事情前往鄰村，為了趕時間便抄近路走在一片田野間，走著走著天就黑了，碰到一個也是趕路的陌生人，兩人之間發生了一場對話，然後那人就不見了。原來是撒旦。

　　彷彿看到一個黑影在眼前那片已經變得很昏暗的谷地中踽踽獨行。

　　然後聽見我身旁站在界線那一邊的外國人說，這附近都沒什麼路燈，天又闊朗，夜裡來觀察星星一定很理想。

沙
丘

欸,可以過去一點嗎?
我沒位子了...

懷孕中的婦女需要空間。

　　沿著沙丘一直走兩公里左右，到海灣那頭，有很多吊車和起重機的地方就是海橋港（Zeebrugge）。港口和英國之間有渡輪來往，為布蘭根堡（Blankenberge）帶來不少英國觀光客。

　　雖然我每年都會跟著米線去布蘭根堡和布魯日（Brugge）報到，但從未興念前往參觀這個號稱擁有比利時最大魚市之一的北海重要貨物集散港。我每指著灣那頭問：「那邊有什麼？」米線就會聳聳肩說：「沒有什麼。」不知是那邊真的沒有什麼，還是他說這句話時特別有感染力，讓天生很有好奇心的我總是頹然地把手垂下。

　　不過今年他那超級強力、關於海橋港的「沒有什麼」，終於碰上了某種勢均力敵、將為人母者因而覺醒的頑固。打從第一天到布蘭根堡，我就想著夜裡要去海邊散步，「一定很浪漫」。米線比我這個熱帶來的還要怕冷一百倍，打死不肯，站在客廳落地窗前縮頭縮腦地向外張望：「從這邊看出去還不是一樣！」我便總在心裡盤算，要製造個什麼場合讓他就範才好。

　　機會終於來了。星期五晚上因為米線急著下去找車位，所以我們早早用過晚餐。我們的車本來停在長堤上，但接下來的復活節週末，長堤上不許泊車，所以得把車開到街上另謀棲身之處。布蘭根堡街上的車位跟黃金一樣稀罕，我們繞了半天，終於在較遠的住宅區小巷中覓得一位。月亮已經高高掛在天上，兩人慢慢攜手踱回長堤上的公寓前，然後我就不肯上去了。

很多很多的空間.

「我還要再走一下下，」我說，「一下下就好。」

米線沒辦法，也許那天晚上的海風也沒那麼緊，所以便依了。我拉著他往堤壩的東邊走去，沿途他還興致勃勃地跟我回憶那些路邊的茶室餐館本來是誰誰誰開的。走著走著，不知不覺來到通往海橋港的沙丘下，一對情侶迎面而來。

我指著沙丘：「那邊有什麼？」米線聳聳肩：「沒有什麼。」

我說：「我們爬上去看看？」米線說：「一堆沙子有什麼好看的？」

我說：「剛不是有人從上面下來？」他說：「人家是上去親熱，不是上去探險的。」我便開始發功：「不管！我要上去看看，看一下就好。」他拉著我的手不放：「上面沒什麼好看的啦，都是沙子，連走都不好走，又沒有路燈。」

「我要上去看！」我甩開他的手。他也氣到了：「那妳自己去，跟妳說上面全是沙子，烏漆嘛黑的。別忘了妳是孕婦！」

LEGERE COMME UNE BALLERINE

It's Summer!   50% OFF

因為她覺得自己變成了一隻航空母艦.

我勇敢地邁步向前，聽見背後傳來他在罵「荒唐」
的聲音。心想，看一下有什麼大不了的對不對？我用手
摸摸肚子，決定只要爬上沙丘眺望一下就好了。

沙丘剛開始並不陡，中間有條步道可以走，路燈也
還照得到。但走不了幾步，離開路燈的視線之後，眼前
便陷入一片漆黑，腳下也踩不實，一地鬆軟，可能是步
道常年受海風吹拂，被沙子淹沒了。我又繼續向前跋涉
了幾步，四周野草長得非常高，夜風中魅影幢幢地晃，
海橋港的燈火在遠處閃爍。

剎那間我又嘗到了那種孤獨的滋味。這滋味在從前的
青少年時期是與我形影不離的，但幾年的婚姻生活下來，
也拋卻腦後了。其實我並不懷念孤獨，但當我與那種況味
又在通往海橋港的沙丘上不期而遇時，鄉愁卻乍然而生。
舊日那些一個人出去旅行的畫面，正以迅雷不及掩耳的速
度閃過腦際，我看見我在雪山坑的桃花林中穿梭，在富里
的東山小學中聽到孩子們的晨間練唱，宛如天上飄下來的
歌聲；在東港邊，在阿里山上，在一片霧林中獨行；在五
光十色的花蓮街上，台北街頭，巴黎街頭；我又看見波城
那些十八世紀的古樓，那座專給外勞和外國學生住的宿舍，
我看見自己在開信箱，苦苦等著初戀情人的情信；我正在
穿越一片通往多爾河邊的大草原，我抬頭望著一隻舊石器
時代的手在岩壁上鑿出來的山羚羊，然後去躺在一個新石
器時代石灰岩墓穴中……然後有人在我肚子裡踢了一腳，這
些歷歷在目的前世記憶於是全又風化成沙，落在沙丘上。

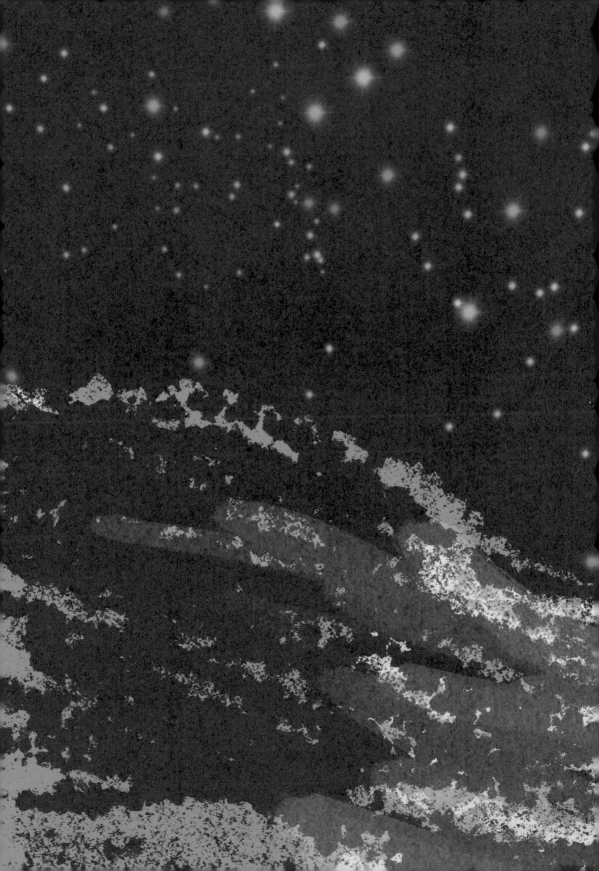

通往海橋港的沙丘步道上覆了那麼多的前世記憶，難怪如此誘人，難怪不好走。

　　我扶著肚子下來時，米線正要上來尋我。兩人互瞪了一眼，仍舊手牽著手回到住處。我沒對他說明沙丘上那些沙子是怎麼來的，因為每次他跟我敘述關於他的前世記憶時，我也只能聽而已。

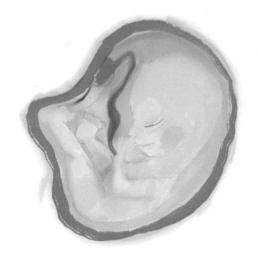

純咖啡

有人推薦這家咖啡館※。我上網查，竟還是一部名片的拍攝地點。

從地鐵走出來後，小雨開始打在我身上，然後變成大雨、傾盆大雨。我淋得像隻落湯雞。從大馬路拐進一條小馬路，拐錯邊，愈走愈遠，問了人才曉得及時回頭。邊走邊想，我又不是咖啡狂，那部名片我則連預告都沒看過，今天怎麼這麼積極？

「那咖啡簡直是釀出來的。」推薦人這麼寫道。我很好奇，開始想像各種可能的味道，想來想去決定去喝一杯不就知道了。

※ Le Pure Café, 14 Rue Jean-Macé, 75011 Paris。

吧台那個光頭男抬頭見我濕淋淋走進來，慇懃地招呼我到那群用午餐的顧客中間坐定。既來之則安之，姑且看看他們的菜單。青蘋果燒黑豬血腸。蠻好玩的，想點，又覺得一個人吃沒意思。趁那女侍從旁邊走過時趕緊舉手發言：「我只想喝一杯咖啡……」指指靠牆一張我覺得拍照角度較理想的桌子：「可不可以換到那邊去？」

女孩仍笑容可掬。不然巴黎很多咖啡館的大牌服務生對這樣「出爾反爾」的顧客，還有屁股上有強力膠一沾椅子就不曉得起來的痞子，通常是不會假以顏色的。

　　然後那杯用釀的咖啡就端到我面前。我舉起來，喝下去，咂咂嘴。嗯，原來如此。可能要看過名片才嘗得出來，朝聖的人沒有虔誠的心，還是不會得救。臨去埋了兩歐元的帳單，另添五毛香油錢，因為那個女孩對我笑。

小時候常聽阿嬤說：

吃飯要坐好，
不然吃下去的會
掉進腳趾頭！

| 老鋅板 |

　　在咖啡館喝咖啡，站在吧台前要比坐在椅子上便宜許多，吧台前甚至也會置許多高腳椅，沒人佔位的話還是可以坐，免得喝下的咖啡全都流進腳趾頭。

　　從前咖啡館吧台為了清洗方便，上面都包了一層鉛錫合金，市井間都叫那個作鋅板（zinc），叫到後來鋅板竟成了吧台的代名詞。近年來巴黎的波波族※ 很瘋魔那種老鋅板，不信你去看那些小酒館指南，只要包含了「美麗年代」、「巴黎風情」、「常民氣質」、「波波最愛」之類關鍵字的，裡頭就一定會有張已經氧化得暗沉無光，卻能讓人記起金黃色年代的古董吧台。

※波波族是作者大衛‧布魯克斯 (David Brooks) 所創，是中產階級式的波希米亞人 bourgeois bohemian 的縮寫，形容一九九〇年代之後，快速的財富累積而成為中上、上層階級的新高級知識分子。

我生性害羞，坐吧台會渾身不舒服。小酒館指南有言：閣下若不喜與人搭訕，請勿輕易嘗試。玩笑話，我卻很當真，只覺得站在那邊，若有伴又不能高談闊論，落單的話，那賣酒的在鼻子前面晃來晃去，要跟他說什麼？

太害羞的人也 不適合當 barman

塞納河狂想曲

從前在巴黎唸書的時候，因為算是藝術史科系的學生，所以拿學生證就可以免費進入各大博物館美術館參觀。

我還記得那種進出羅浮宮就像我家廁所的感覺，非常之爽快。那些寶貝東西，橫著看豎著看躺著看倒著看，隨你愛怎麼看就怎麼看（通常早上門票比下午的貴上三分之一，不想跟人擠就多付錢吧，可是只要亮出藝術史學院的學生證，愛什麼時候去就什麼時候去）。

現在沒有學生證了，要自己掏錢，如果還想免費進羅浮宮，那就得等每個月的第一個禮拜天，然而這天通常兵馬雜沓，人聲鼎沸，十分可怕。前不久欣逢一年一度的「文化遺產節」，我就想說進羅浮宮可能不用錢，千里迢迢跑過去，沒想到還是要收費，鼻子摸一摸就走出來了，因為實在不想付錢買那個門票（早上九點到下午三點的門票是七‧五歐元，下午三點以後的門票是五歐元，但要看快一點，因為博物館六點就關了）。

昨天看到羅浮宮的一則徵人啟事，說要一次招三十四個守衛，有沒有，就是那種穿著制服在裡頭走來走去（羅浮宮裡頭的這種守衛，男女老少、各色人種都有，我還見過一個可能是越南籍的歐巴桑），看看你有沒有不守規矩，挖鼻屎彈在維納斯雕像上面。

我跟米線說有這等好事，「能夠時常親近那些藝術品多好啊！」換來他頗不以為然的表情，認為在一片私有化的聲浪中，公務員個個飯碗不保，突然大張旗鼓要找這麼許多守衛，其中必有蹊蹺。

　　「肯定是怕有人去放炸彈，故要加強安全措施」，
「妳若是去參觀，碰上了算妳倒楣，在裡頭當守衛，那
正是首當其衝，萬萬不可。」說著說著，電視上又在報
導恐怖主義和全球化的關係：「蘇聯解體，美國獨大之
後，嘰哩咕嚕，嘰哩咕嚕，嘰哩咕嚕……」

　　我的腦子裡出現一幅「轟！」的畫面，維納斯的乳
房，勝利女神的翅膀，大衛的雞雞，蒙娜麗莎的微笑，
木乃伊的裹屍布和拿破崙的王冠和保險套，通通被炸成
碎片，雪花般飄落在塞納河裡……

搭

在咖啡館喝咖啡時...

- 我對章魚沒興趣。

觀察到對面客人的有趣互動。

地鐵出口的星巴克。

　　那隻手很風流地伸過來，搭上坐在沙發這頭的女人的肩膀。兩個人才開聊不到五分鐘，男人說喜歡星巴克裡頭清新的空氣，法國咖啡廳裡都不禁菸，他幾乎無法呼吸。濃濃的美國腔。女人說她也受不了二手菸，從前她大學裡頭那些同事一個抽得比一個厲害。她從前在大學裡教地理。然後又批判了一會兒星巴克裡的代糖。然後那隻手便自然而然地伸過來，搭在女人的肩膀上。肩膀有點猶豫，扭了幾下，扔出一句「對不起我上一下洗手間」，逃到廁所裡去思考下一個戰略。

　　手落了空，僵在那邊有點尷尬的樣子，可能是礙於我這雙坐在對面低頭看書的眼，不好意思放下來。其實我從頭到尾都在注意外面露台上那人的背——期待著他趕快走開，好讓我拿起新買的相機，照著手上說明書的說明，用長鏡頭照對面街角那兩個正在過街的女孩——沒看到他們的臉。

－外星人在地球
　交女朋友真難！

－你應該考慮一下
　改變造型。

－不能當自己好累啊！

那個金髮女人，站在孚日廣場的騎樓下，不時向街上張望，踮腳伸脖子的。

　　假日街上車輛很多，騎樓下的行人也多，熙熙攘攘，但女人的等待和她旁邊的那根柱子一樣，有種因堅定而生的斑駁，某種被滄海桑田淬鍊出來的不為所動。

　　我一直沒有機會看到她的臉，只發現後來她的背影笑了，一隻手抬起來往街上招，另一隻手則無限溫柔地在柱子上摩娑。

瑪德蓮過道

晃啊晃就晃到這條瑪德蓮過道（passage de la Madeleine）裡來了。裡面看起來灰僕僕的，沒什麼生氣，營業的店頭上泛著蒼白的燈光，還有許多乾脆關門大吉。拱廊兩頭，一頭是瑪德蓮廣場，一頭是波希街，皆黃金地段，但就是沒幾個會晃進這條拱廊裡來。

　　可能要等下雨吧？我看班雅明（W. Benjamin）那本沒寫完的《過道書》（Le Livre des passages，中文多從英譯，叫《拱廊計畫》〔The Arcades Project〕），上面說十九世紀前半葉當這些巴黎人稱之為「過道」或「走廊」的加蓋商場開始大量繁殖之際，有個初衷是為了讓人可以躲雨兼血拚，班雅明屢次在提到有關下雨和加蓋商場的引述旁特別標上「壞天氣」（intempérie）的關鍵字，似乎日後有意深入探討風霜雨雪與十九世紀巴黎消費文化之間的關係（書還沒寫完，班雅明就自殺了），不過我很駑鈍，書亦尚未讀透，故仍不甚了了，只能猜想一、兩百年前的巴黎可能時常下雨，天氣不好，而這些加蓋商場可能就有點像我們那邊的騎樓，是私有財產但開出來給大家走路避風躲雨，順便作生意。

　　不過最初的商場裡頭賣的可都是最時新的高檔貨，錦繡繁華。君不見今日巴黎還剩下的那三十幾條拱廊商場（據稱極盛時期高達三百多條），絕大多數都是冷冷清清、悽悽慘慘加戚戚，商店裡的貨物看上去彷彿有股霉味。

　　我鑽進那家叫做「泰利多」（Territoire）的雜貨
店，賣得都是一些生活百貨，走鄉村風格，還見得到農
具呢。老闆娘不會作生意，難得一個客人進來了也不
招呼，我問她：「這台小電視上還有個帆布手把？」答
曰：「舊時鄉下人的電視不都這樣，廚房客廳燙衣間，
提著走到哪看到哪。」

　　抬頭又見一堆好似舊時鄉下人用的粗布袋子吊在天
花板上，我犯思古幽情，想跟她買一個，看看標價，最
便宜的要九十歐元，原來如今還不是每個城巴佬都扮得
起鄉下人的。

在自然採光與人工照明下誕生的現代人。

| 過道之光 |

　　我很喜歡 passage 這個字。查字典，它的本義為「通過」、「跨越」、「片段」，進而衍生出「轉變」、「連接」、「過渡」、「動盪」、「短暫」、「狹窄」、「巷弄」、「偶然」、「趁機」等等意涵，甚至應用在「取道權」、「私有財產」、「公共空間」之類的法律觀念上。

　　Passage 也有好幾種玩法，拆成 pass age，有歲月流逝之感；拆成 pas sage(s)，又成了踩著智慧腳步的叛逆者（Pas Sage aux pas sages! sage 的意思是智慧是乖巧老實，pas 在法文裡或做複詞「不～」或做「腳步」、「足印」）。

　　在巴黎，passage 還有一個特別的意思：指那些加蓋商場。它們很多是鑿穿一棟建物或甚至一個街區而成的，上面都蓋著十九世紀當時最先進的，可以透光的玻璃屋頂，天光如奇恩異典般從上面灑下，籠罩著這個既非室外，亦非室內的過渡空間，逛街的人走進來，教一扇扇布置得舞臺一般的櫥窗弄得眼花撩亂，看不完的新產品則持續地挑逗著他們的欲望，讓人墜入一場前所未有的幻象表演（fantasmagorie※）中。對班雅明來說，現代社會的消費人，就是在巴黎過道裡那團透過玻璃頂的自然光和煤氣燈的光芒中誕生的。

在電腦屏幕藍光中誕生的未來人。

※十九世紀初一種利用燈光製造魅影幻覺的表演節目。

芭蕾舞者

和樂團指揮

「但願他的即興表演不會跟他的腿一樣長!」

我去聽一場音樂會，地點是一座新教的教堂，裡面沒什麼裝飾，很樸素。一個男舞者開演前跑來跟主辦單位要求，演出前可不可以讓他即興一段，那個人好像是他們裡面某某人的友人，總之，主辦人和指揮都答應了。

　　然後在演出前那段等待的時間，我們就一直看到那個男舞者在走道上暖身。演出時間到了，指揮上台，站在樂團前面，背對觀眾。樂團、指揮和觀眾席其實是在同一個平面上，並沒有一個真正的舞台。我坐的位子剛好可以看到指揮的表情。

　　全場都靜默下來了，那個男舞者赤著腳從觀眾席的最後往前奔·然後開始在指揮和觀眾席之間，那個說大不大說小不小的空間，跳將起來。他伸手、投足、舉腿、轉圈、高難度動作一個不少，一圈兩圈三圈，他的腿又是那麼地長，我看好幾次都差點掃到指揮。接著他手臂又一揮，指揮的身體還微側了一下，真是千鈞一髮啊。

　　他跳蠻久的，有人開始打瞌睡，指揮也露出有些不耐煩的表情。他終於跳完了，很優雅地從教堂的側門退場，大家都鬆了一口氣，尤其是指揮先生。但今天回想起來，我不太記得那天聽到什麼（也許有拉辛的讚美詩（Cantique de Racine※），我大概是為了聽這首去的），不過那個舞者轉圈時，咻咻腿風掃過指揮的頭髮，這個畫面頗令人難以忘懷。

※法國作曲家佛瑞（Gabriel Fauré）於一八六五年完成的混聲四部的宗教合唱歌曲。

餐館老闆和英國客人

我們在一家餐廳露台上用餐。

來了一家英國人。等了半天沒有服務生來帶，只好自己入座。服務生其實就是老闆本人，忙裡忙外，忙進忙出，忙得團團轉。我們點的菜好不容易上來了，我一面吃一面偷瞄那家英國人，小孩只顧玩電動，老婆低頭滑手機，只有那個老爸正襟危坐，兩隻眼睛跟著老闆轉來轉去，露出希望得到青睞的表情。

但老闆就是不肯眷顧。比他們晚到的都已經點餐上菜甚至吃到甜點了。但那位英國顧客和他的老婆小孩還在餓肚子，幸好他們有手機轉移注意力。

所有的客人都吃飽了在剔牙。我很想跟那個英國先生說：「你要自己舉手叫他來點菜啊！」

但這位英國紳士仍氣定神閒地坐在那裡看著老闆，難道他是米其林指南的祕密評審嗎？

最後，連我們都用老闆拿到桌旁的刷卡機付完帳了，老闆再沒有任何一桌客戶可以掩護了，終於很不情願地轉頭用英語問英國先生：「for eat?（用餐嗎？）」

（米線聽了在一邊冷笑：「他們有可能是來打網球的嗎？」）

英國先生大笑：「If we can!（如果可以的話！）」

方尖碑

由拉美西斯二世於公元前十三世紀所立，以一整塊花岡岩雕成，上面刻著古埃及象形文字的石碑。

東碑
高24.5公尺
重245噸
保存狀況較差

西碑
高23公尺
重230噸
保存狀況較佳

1830年初，埃及總督穆罕默德阿里出於外交目的，將位在路克索神廟前的一對方尖碑贈予當時的法王查理十世。

據聞，古代埃及人視此碑為太陽神的化身，而它那種向上收束的方柱體，正是一道陽光的樣子，碑頂的金字塔型柱頭貼滿金箔，金光閃閃，人渺立碑下，抬頭仰望陽光從天而降，逐漸化石成碑，於是神祕與恐懼之感，油然而生。

方尖碑亦有日晷的作用，巨大的陰影落在沙漠上，隨著太陽轉動，彷彿永恆的巨大指針，計數著太陽神的何其不朽與法老榮耀。方尖碑皆須成對成雙，凜凜地立於神廟入口處。底座有神話故事或狒狒的圓雕，柱上盤旋著鬍禿鷲的金爪和白羽毛。

協和廣場上這座取自路克索神廟的拉美西斯二世方尖碑，每至日落黃昏便備感蕭索，他形隻影單地在這片河邊的泥巴地[※1]上佇立了一百八十五年，溫帶的風霜雨雪害他得風濕症，骯髒的城市空氣讓他的臉色蒼白。他日夜思念還留在家鄉路克索的另外那根，「不曉得他現在怎麼樣了？」他想：「我如果不是塊長生不老的石頭，搞不好還能比照那些會死的來個落葉歸根。」他又怨起當初把他給了法國人的那個埃及總督，原是個行伍出身的巴爾幹人，不識這些上頭刻了象形文的尖頭碑有什麼好，拿著到處攏絡人搞外交[※2]。

[※1]羅馬時代的巴黎叫綠黛絲（Lutèce），在拉丁文中是「泥巴」的意思。

[※2]目前已知的五十多件方尖碑中，能夠原地保存者很少，大多數都經過移動。除了歷代法老會將前人豎立的方尖碑拿來裝飾自己的神廟，羅馬人入侵時也被搶去了一拖拉庫。另十九世紀時埃及政府好用「方尖碑外交」，又送了一堆給人。

由於運送方尖碑的費用十分可觀，所以法方決定先將
體積較小且保存較佳的西碑以船運帶回法國。

他們以當時最先進的科技水準，克服無數險
阻，終於在兩年半之後將這塊高23公尺，重達
230噸的巨石完好無損運抵巴黎，前後一共航行
了一萬兩千公里。

LOUVRE

方尖碑運抵巴黎後，因皇后強烈反對將底座上那四尊性器外露的拜日狒狒像在露天廣場上公開展示，故須另外訂製新底座。四狒狒則轉移至羅浮宮收藏。

　　方尖碑的陰影仍忠實地在廣場地面上，計數著太陽神的何其不朽和法老榮耀，但問題是這類型的永恆畢竟已經過時，地球在這塊石頭上留下的三千年瘋狂自轉，方為此一充滿鄉愁的觀光時代所最愛。來自四面八方的旅客，爭相與古蹟合影。為了讓他看來更合時宜，人們先是把他那塊看起來「很不雅」（狒狒的雞雞都看到了）的底座搬走，換上個新的，足足四公尺高，上面題了紀念詞，並鑴著如何將這三百噸重的巨大單石從千里之外搬運而至的形象銘文。更有甚者，大約七、八年前，在考古學家背書、巨商富賈和政客的共同謀畫下，又幫他

弄了一頂金光閃閃的新帽子，純銅鑄造，四面貼金，老石頭心不甘情不願地戴上去，活像個古裝片裡頭的誇張道具。

　　夕陽西沉，數不清的車輛在他腳下轟隆隆奔竄，塞納河水仍舊一旁嗚咽，那扇又矮又胖的凱旋門站在香榭麗舍的尾端，神情呆滯地對他凝視，老石頭心中酸楚，不禁淌下一顆石頭淚。

後記：那天經過協和廣場，發現碑上多有缺口裂縫，想必是石頭老矣，思鄉爲甚，常落淚之故。

1836年10月25日，路克索方尖碑終於成功地在巴黎的共和國廣場被豎立起來。據說，豎碑所用的起重機設計工程師當時還刻意站在碑下，意即若豎碑失敗即以死謝罪。

1981年，法國總統密特朗正式宣佈將仍留在路克索原地的另外一根方尖碑歸還埃及。

没那個閒錢！你知道1830時為了運送第一支方尖碑花了多少錢嗎？一百萬法郎！

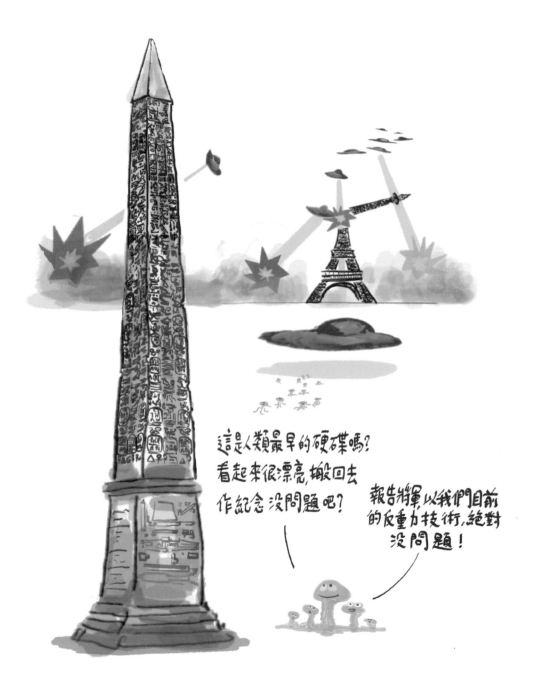

莉莉絲

聖母院上上下下數千個雕像裡，就是這個莉莉絲（Lilith）雕得最美。您看她那頭波浪般的長髮，纖柔的肩膀，渾圓的乳房，花瓣一般的臉頰，還有那朵帶著戲謔的微笑……

她的背上生著翅膀，肯定是個天使囉？但是，再看清楚一點，怎麼她攀在樹枝上的玉手是隻獸爪呢？難道是個妖精幻化來蠱惑世人的？

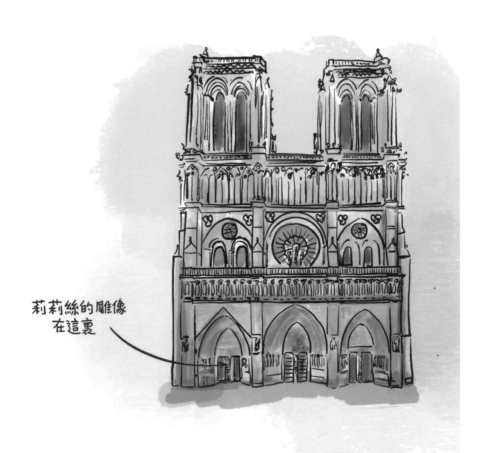

莉莉絲的雕像
在這裏

　　巴黎聖母院的莉莉絲，就住在聖母院正面左邊那扇有山形簷的聖母門的中間那根柱子上。柱子主體是聖母抱子像，聖母腳下踩的是亞當和夏娃的故事：上帝看亞當一個人很無聊，於是就趁他睡覺的時候取了他的一根肋骨，變出個夏娃來；夏娃被蛇蠱惑，引誘亞當吃禁果；天使把亞當和夏娃趕出伊甸園。

　　您發現了吧，莉莉絲就是那條蛇。但她究竟何許人也？

　　莉莉絲本來是古早古早時代美索不達米亞那邊的一個魔鬼，後來猶太人把它接收過來，在聖經裡它是沙漠裡的野獸。到了中古世紀，有猶太作家演繹出另類創世紀版本，裡頭的莉莉絲成了亞當的第一任太太：原來上帝本來用泥土捏了一個男人亞當和一個女人莉莉絲，讓兩人結為夫妻，可是莉莉絲不聽亞當的話，從伊甸園落跑。上帝想說要再幫亞當找個老婆，這次大概為了節省材料還是其他什麼理由，就直接從亞當身上拿了一根肋骨造了夏娃，沒想到亞當還是窩囊，被老婆牽著鼻子走，把上帝氣炸了，乾脆通通攆出門。

　　西洋藝術幾百年來一向有把伊甸園裡的那條蛇表現成女人的傳統。十九世紀莉莉絲爆紅之後（不知跟女性的自我意識開始興起是否有關？倒是現代女性主義者，尤其是美國的猶太女性，用莉莉絲來作為她們雜誌的名稱，大有向她看齊之心），各種欲加之罪紛飛而至，

一下子說她是吸血鬼，一下子又說她性變態，男人夜遺也是被她所害，伊甸園裡的那條蛇也趁機搭便車，從此順理成章地叫做莉莉絲。

話說天主教崇拜聖母瑪麗亞，總愛把夏娃拿來跟聖母做對比。本堂神父都會跟大家說夏娃是第一個女人，但是個壞查某，後世女人都跟夏娃學壞了，愛挑撥離間，煽風點火，教唆丈夫，要一直等到聖母瑪麗亞出來導正視聽，女人才有了見賢思齊的對象。

不過我們再來看這根柱子上的夏娃，胖胖的有點耗呆耗呆，動作遲緩，看起來一副很頑固的模樣，和莉莉絲一比，簡直就是地上的泥巴和天上的雲彩。

至於莉莉絲從伊甸園出來，據說變得很墮落，好像還跟魔鬼睡覺生了小孩。總之，後來她專門拐殺小孩子就對了，家裡有嬰幼兒的婦女都很怕莉莉絲，會去求一些護身符來給小孩子戴。這種對莉莉絲的恐懼，一直到十九世紀在歐洲的猶太人之間還是很流行。聖母院這根柱子上那個威風凜凜的聖母，懷裡抱著小耶穌，腳下踩著莉莉絲，不曉得是不是受到這種猶太迷信的影響，但願囝仔好養飼。

總之，這又是一個例子：巴黎聖母院雖然是一座天主教的大教堂，看起來白拋拋幼咪咪，但它的真正精神在兼容並蓄，不追求純粹性。法國民間的聖母信仰其實是一個大鎔爐，裡裡外外仍充滿著許多原始信仰，甚至其他宗教的元素。聖母瑪麗亞常讓我想到媽祖，覺得很親切。

－我真不懂樓下那條蛇到底是哪裡在漂亮？

－就是啊！全身光溜溜的，又沒毛，也沒長角，
　醜不拉機的！

嘎咕鬼

－欸，你今天怎麼都沒有吐苦水？
－沒辦法，我喉嚨痛……

嘎咕鬼（Gargouille）這個字在古法文裡寫成gargoule，是由「garg-」和「goule」所組成。「goule」就是「gueule」，指獸吻；garg-是一個擬聲字根，指水燒開時那種咕嚕咕嚕，或人在暢飲時的那種咕嚕咕嚕，後面的這種咕嚕咕嚕後來變成有「喉嚨」的意思。

　　顧名思義，嘎咕鬼就是安裝在屋頂上，用來排掉雨水的排水溝。翻開西方建築史，這鬼本來是羅馬式建築上的一項特色，到了那些競相掙脫地心引力的哥德式建築，把原先這些還不會搞鬼的嘎咕鬼接收過來，幫它們繁殖（哥德時期的建築師傅發現，嘎咕鬼愈多，對屋頂結構愈有利），教它們伸長脖子（本來是一塊粗粗短短，愈變愈長，這樣雨水才能吐得愈遠，不會滲進牆根動搖國本），最後也不要它們噴水了，乾脆另立名目，讓他們立在屋頂上專心當鬼。最有名的，當然就是巴黎聖母院上頭那幾尊「若有所思」了。

　　今天聖母院上的嘎咕鬼，幾乎都是十九世紀中葉在維奧萊勒杜克（Violet-le-Duc）所領導的整修工作中才又裝上去的。在維奧萊勒杜克之前，聖母院的排水口長什麼樣？屋頂上有沒有那些嘎咕鬼雕像？待考。可以確定的是，迪士尼「鐘樓怪人」動畫片裡的嘎咕鬼，是按著維奧萊勒杜克的那幾隻畫的，而「鐘樓怪人」故事卻是發生在十五世紀，有時間點上的問題。

　　我一直不明白的是，天主教是主張善惡不兩立的，一座天主教堂上，放那麼多猙獰惡鬼，有什麼意思？有

人說是為了警惕信徒，但我看不出光一個鬼雕像要人家警惕什麼，嚇人倒是可以，再說聖母院上面那些嘎咕鬼一副坐在馬桶上的樣子，不知怎麼嚇人？

又有人說那是類似護身符，用來保護教堂，但天主教會使這種跟巫婆作法差不多的手段？我也不太相信。

第三種說法，謂嘎咕鬼乃象徵著基督教降臨之前的「大自然」——換句話說就是基督教之前的那些原始宗教信仰——讓這些被降伏的異教徒嘎咕鬼爬滿整座教堂，可以炫燿教會如何地浩瀚偉大。

第三種說法較能說服我。

附記：

二〇一九年四月十五日下午，當我在社交媒體上乍見有人貼出聖母院屋頂失火的照片時，還以為是個不高明笑話，網路時代，我們什麼千奇百怪的Ｐ圖沒見過？

不過這回的稀鬆平常只持續了片刻，取而代之的是一種幻耶真耶的無法置信。很快地，聖母院失火的消息和影像開始在各大網站和媒體到處傳播，我相信很多人都跟我一樣，感受到自己的一部分也將要被那片火海吞噬了。

災後的現場慘不忍睹，民心沸騰，全國甚至全球都動員起來了。

因為巴黎聖母院不只屬於天主教徒，也是全人類的：我們的加西莫多和愛絲梅拉達住在上面，還有那些負責凝視這座城市的嘎咕鬼。

The Night Of The Reptile

-您好,請問要去巴黎聖母院的話
 怎麼走?
-您來晚了,先生,她三天前發生火災
 被燒掉了。
-天啊,怎麼會!我巴黎有個表親
 住在上面說…

－阿德,阿德,
你還在嗎?

－咦,那個不是我表哥嗎?
阿治,我在這裏呼!我沒事!除了
手上有兩個地方骨折,其他都
還好……

我幫你帶了
你最喜歡
的菩提!

心靈的小販

我一直以為你也是一座雕像耶！

他們必須一直待在戶外，衣衫迎風飄搖。
這些販售心靈的小商人在風雨、霜雪和烈日的經年斧鑿下，
形貌最終變得宛如大教堂上的古代雕像一般。

——弗朗士，《波拿德的罪行》

——

今天進城逛街，繞來繞去來到河邊的舊書市。我說口渴了，米線便說，待我去找來一本書，我們再去喝一杯。什麼書呀？，我問。米線說，上個禮拜在河邊等妳來會的時候，亂晃了一下，看見一本七四年初版的《驚奇四超人》的法譯本，要賣五十歐，當下覺得太貴沒買，同一本書現拍賣網站已經叫價一百歐以上，所以想去買來上網賣去。

那本書就在 C 的攤位旁邊，還要再往前走個幾十公尺。今天天氣大好，營業的舊書商很多，人客倒是比平常少一些。兩個歐吉桑和一個年輕女人在攤位前面聊天。米線回頭望了他們一眼，低聲跟我說，那兩個傢伙我三十幾年前到河邊找書的時候，就見到他們了，那個坐在椅子上的從前攤位還要上面一點。

兩個老頭看起來約五六十歲。不過很年輕的也有，我在市府堤岸那邊就看過一個小夥子，大寒的天沒幾攤，他則拿著抹布很勤快地在那邊一本一本擦著他的書。今天的塞納河邊的舊書商平均年紀大概四十歲左右，工作環境很是艱辛，不管晴雨風雪，攤子一開，就

－老闆請問你有沒有希屈考克的"鳥"?

得在那個兩公尺長,七十五公分寬,三十五公分高,漆成綠色的木頭箱子旁邊,守上一天,過盡千帆皆不是,給書攤拍照的人很多,但買書的寥寥無幾。

舊書商的法文叫「bouquiniste」。這個字大概在十六世紀中葉之際首度出現在一條規章裡,那時候的官府把這種人和「收贓貨的」、「賊偷」歸為一類。原來當年法國的宗教戰爭打得如火如荼,一些新教徒的小冊子被禁之後,就有人偷賣。這些人本來用手推的板車載書,然後又改用箱子裝,他們的活動範圍以龍蛇雜處的河岸為主。這些散佈危險言論、販售妨礙善良風俗書籍的流動攤販,一直是政府取締的對象。

- 你知道貓王曾在巴黎住過嗎？這就是當時他家的電話號碼，用他表弟名字登記的。
- 太酷了！這本電話簿要賣多少？

法國大革命之後，舊日王公貴族的藏書大量流入舊書市，當局對流動書攤也是睜一隻眼閉一隻，舊書商於是迎來了他們的黃金年代。一八五九年，巴黎市政府正式規劃河邊堤岸的護欄讓這些流動書商得以固定他們的書箱。一九五二年為美化市容，又規定了攤子的尺寸和顏色，堤岸舊書市於是成了我們今天看到的模樣。

　　巴黎的舊書攤規模不但全球最大，且為各地露天書市的鼻祖，它已成了這個城市的地標之一，甚至被巴黎市政府列入無形文化遺產，因為巴黎人「可以接受街上無路樹，但無法容忍河邊無舊書」，可見舊書攤在這個城市地景中的重要性！攤商無須向市府繳交任何租金或營業稅，條件是他們一週必須至少營業四天。九〇年代這個規定剛推出時，曾遭到強烈的抗議，書商們的理由是如此一來，他們就沒有時間到處去收購舊書了，有人則預言舊書商將被迫只能叫明信片和紀念品來賣。未料一語成讖！二〇〇〇年以後舊書市的客群逐漸變成以觀光客為主，他們販賣的商品也從書籍轉向較能吸引外國觀光客的飾物、版畫、舊畫報和海報。只是罪魁禍首並非一週營業四天的規定，而是城區二手書店的折扣戰，以及近十幾年發展起來的網路書店和網拍。不過堤岸上還是找得到古董書，價格不菲，只有識貨和不識貨的愛書人，才會去那邊尋寶或當冤大頭。

　　我問米線，你小時候的舊書攤，有沒有人在賣觀光紀念品呀？米線說，有喔有喔，一直以來都有一些雜

－我有一本1955年初版的 The abominable Snowman Adventure※，妳要不要收？

※雪人奇譚

七雜八的明信片，廣告海報，鑰匙圈。其實，從一些老照片或更早的繪畫作品中，我們也可以觀察到從前的舊書攤其實什麼雜貨五金都賣，並不僅限於書籍，在這個行業悠久的歷史中，舊書商只賣書其實是最近的事。我說，但是那些俗艷的紀念品，假畫和粗製濫造的艾菲爾鐵塔，看了就討厭。米線說，市政府是規定只有四分之一的攤位可以專賣紀念品，但那些擺著小桌子掛賣紀念品的書販其實亦情有可原，總不能都不賺錢吧！

巴黎舊書商的平均月收入只有數百歐元。

他開始講起他的朋友 C，擺了二三十年的書攤，還是孑然一身，除了他那個書攤，也沒有睡覺的地方，到處跟朋友借宿。他剛走到 C 的攤子前面跟他哈啦兩句，問他生意好不好，C 環顧四週來來往往的觀光客，無奈地揮揮手。我們後來又經過 C 前面，米線便朝著他喊：「那就好好地曬太陽！」

真正的巴黎人會告訴你，巴黎的靈魂不在鐵塔、凱旋門或香榭大道這些名勝古蹟中，而是在河邊的舊書商那邊。儘管謀生不易，但塞納河的舊書攤位仍然一位難求，兩百五十攤，每年只有二十五個位子會空出來，申請一個攤位要等上三四年。那些舊書商人幾乎不輕言放棄，一日擺攤，終身擺攤，連歲月都很難阻撓他們，老而不退的多有人在。也許只有死，才能讓這些「心靈小販」不再賣書。

看來巴黎的靈魂還要在塞納河畔住上好一陣子。

猩 光 燦 爛

Le firmament de mon fils

法國人雖然出了名的愛哈累，但他們還是很有幽默感的。和英式黑色幽默比較起來，法式幽默更傾向嘲弄，藉此諷刺時事、政治、社會道德和宗教，這點大家可以從莫里哀※的喜劇作品中獲得一些概念。

法式幽默的特色之一是喜歡講「反話」，譬如我晨起抱怨全身骨頭痠痛，米線會回答：「歡迎加入本俱樂部啊！」

「什麼俱樂部？」

「年紀大了，關節不靈活難免啦，」他安慰我：「至少妳是新加入，不像我入會很久了。」

講反話在熟人之間是一種心照不宣的互動方式，藉互相調侃來增進情誼。但在外人眼中，可能會把反話當成惡意和攻擊，因而造成誤解。所以反話幽默的前提除了必須要有共識，心態還得夠開放才行。

米氏幽默中除了講反話的優良傳統，還有一種荒謬劇的詩意。

|焉知魚樂米線版|

晚餐桌上，米線聽我講述了莊子跟惠子在橋上爭論魚快不快樂的對話，深不以為然，他說換他來換他來。

好，就換你來……

※ Molière，十七世紀法國喜劇作家、演員，法國芭蕾舞喜劇的創始人，也被認為是西洋文學中最偉大的喜劇作家之一。

米線演的大鼻子莊子跟小猩媽惠子走到橋上。大鼻子莊子說：「呀！妳看這魚兒在那兒游來游去多麼快樂！」

小猩媽惠子：「奇怪了，你又不是魚，你怎麼知道魚在那裏游來游去很開心？」

大鼻子米線子：「我不是魚，不知道魚快不快樂，但妳也不是我，妳怎知我不是一條魚！哇哈哈哈（說完就游走了）！」

留下小猩媽惠子一人站在原地翻白眼。

法國作家卡繆說：「我們沒有時間作自己，
我們只有時間來快樂。」

你的鰭長得好奇怪唷！
你是什麼魚？

過了幾天。

猩哥：「媽媽妳看這個聖誕樹，他好快樂喔！」

我，正用手機上網，心不在焉：「是喔？」

猩哥：「嘿，媽媽，妳不覺得這樹很快樂嗎？……（等半天見仍無反應）……這樹很快樂，妳說是嗎惠子？」

我恍然大悟：「喔喔！呃……你又不是樹你怎麼知道他很快樂呀？」

猩哥：「對．我不是樹，可是我覺得他很快樂他就很快樂，因為是我在看的啊！」

我知道聖誕樹很快樂，
因為我在看他.

我知道我媽很不快樂，
因為她在瞪我。

當然，黑色幽默也是米氏幽默中必不可少的元素：

| 先生變成狗 |

我們去健行，碰到一位揹著健行背包的太太，帶著她的狗。那隻大狗狗的脖子上戴著一條像是特別為牠編織的圍巾，可見很受主人疼愛。太太走前面，她的狗跟在後面。太太先碰到猩哥，米線，然後我，她笑瞇瞇一共道了三次日安，跟我擦身而過後，她很輕聲地跟狗狗說：「好了，你現在可以走到我旁邊來。」

我突然有種異樣的感受，跑去跟米線說：「那隻狗狗會不會是她先生變的？」

米線嘆道（用一種男人真命苦的口氣）：「對啊，因為他一直被人家當狗在對待，結果最後真的變成一隻狗！」

－你覺得當狗比當人快樂嗎？

　　猩哥早上喝巧克力，拿小湯匙一口一口喝，不曉得
要喝到何年何日才會喝完。

　　我心血來潮跟他說：「我小時候台灣人還不怎麼
喝咖啡，我家只有雀巢即溶咖啡，已經很洋化了。城裡
人上咖啡館更是件很時髦、很新潮的事。一個媒婆幫一
個王老五撮合，給他介紹了一個女生。那個王老五想，
怎麼讓女生喜歡他，於是請她去城裡『他常去的那家』
咖啡館喝咖啡。咖啡端上來，裝在一個漂亮的瓷杯裡，
旁邊還有支小湯匙。王老五想，原來大家都說喝咖啡很
有氣質很優雅，竟是有道理的，用這麼小的湯匙喝！於
是拿起小湯匙一口一口喝。女生看了發現原來是個鄉巴
佬，就不再理他了。」

　　猩哥聽不懂，問女生怎麼不再理他了呢？

　　我懶得跟他解釋，說，你去問巴巴，問他怎麼讓女
生喜歡你。

　　米線說，呃，我會叫服務生換根大湯匙來，用小湯
匙太慢，如果可以的話，再拿個湯盤來，不然用大湯匙
舀咖啡杯裡的咖啡也不是很方便。

　　然而，讓人發笑畢竟比令人哭泣難上許多。猩哥難
免也感受到了那種未來幽默大師的焦慮。

　　吃早餐的時候，他對我說：「我不明白，為什麼小
雷或阿克就可以讓女生笑，別人的話，女生就不笑。」

　　「真的？那他們都做什麼讓女生笑？」

你不要笑人家, 還記得你第一次吃粽子時...

「就一些小動作啊，像這樣，」他彎曲膝蓋，兩隻手在膝蓋前擺來擺去，「這有什麼好笑？！」

「就是啊！那你呢？你都做什麼女生不笑？」

「我都說笑話，像巴巴說的那些笑話啊！」

「說一個來聽聽，我幫你主持公道。」

「譬如這個，有個人走進店裡說：『早安！我要買可頌。』店員說：『抱歉，可是我們沒有可頌。』那人就說：『是喔，沒關係我明天再來！』店員說：『明天也不會有，我們沒有可頌。』那人又說：『那我後天再來！』」

（他爸爸的版本是，當店員告知沒有可頌時，那人回答沒關係那我改點咖啡加一個可頌，店員再次強調沒

有可頌，那人又說，啊不然來杯果汁加個可頌好了。這個故事讓猩哥笑得從椅子跌到地板上。）

「你講這笑話沒人要笑？」

「我很想講啦，只是我覺得如果我說出來的話，一定沒有人要笑。只有不好笑的東西會讓她們笑。」猩哥寂寞地說。

但米氏幽默有時候也蠻令人無言以對的。

週末清晨的早餐桌上，有個青少年一直在高談闊論，我還沒全醒，只覺得煩。

猩哥：「巴巴媽媽如果要養寵物的話，你們最想養什麼？」

我（沒好氣）：「最安靜的那種！」

米線（正經八百）：「犀牛，這樣他就可以在我們家走廊上跑來跑去！」

猩哥：「如果是為了這樣的話，那大象更好！」

米線：「你說得沒錯！那就大象好了！！！」

猩哥：「猩猩也很好，牠也很會跑來跑去，跳上跳下，而且牠也喜歡吃香蕉！」

我：「猩猩是保育類動物，不能養！」

猩哥：「犀牛和大象也是啊！」

米線：「要安靜的話，貓最好！」

我：「我不喜歡貓……」

猩哥：「狗很吵哦！」

我：「而且要帶他出去大便！」

猩哥：「我知道，妳適合養兔子！」

我（沒好氣）：「我不想養任何寵物．我只想安安靜靜地吃完早餐好嗎？」

過幾天猩哥開學。下午一點半須到校。從家裡過去二十分左右，一點出門就好，但猩哥十二點多就穿戴整齊，在屋內走來走去：「我終於要去學校了，我好想趕快去，我終於又可以看到我的朋友，李爾王、小馬還有保羅……」

　　「你得去剪頭髮。」我說。

　　「不！在我們學校的小孩子看到我現在這個髮型之前，我絕對不要剪！」

　　「那你第一天上學可以穿一件好一點的衣服嗎？這件真的很舊耶！顏色都沒了！」

　　「喔不，這件是我最喜歡的衣服，第一天上學我一定要穿我最喜歡的衣服去！」

　　然後時間一到，門一開，一溜煙就跑掉了，樓梯間傳來他邊跑邊唱：「我終於要去學校了，去學校去學校，我最愛……」

　　其實，我也很高興他終於又去上學了，呼！但時間飛逝，他四點就返家了。

　　我：「怎麼樣？你的朋友都有看到你的髮型了嗎？你可以去剪頭髮了嗎？」

　　猩：「沒有，他們都沒看到，因為我戴著球帽。」

　　我：「那你哪個時候才要給他們看？」

　　猩：「我沒戴帽子他們就會看到了。」

　　我：「那你明天別戴帽子去。」

猩：「不行，我要天天戴帽子去學校。」

我：「那你還說留這個髮型要給你朋友看？！你戴著帽子他們根本看不到。」

猩：「有，他們今天有看到我的髮尾，說我的髮型很好看。」

我：「怎麼可能！」

猩：「我不要剪頭髮。」

我：「我跟你說，法國學校有頭蝨，你頭髮長，頭蝨就比較會跳到你頭上。」

猩：「這樣我就有寵物了！可愛的小頭蝨！我也沒有貓，也沒有狗，總可以有頭蝨吧？這樣我就有朋友了！」

我：「你剛才還趕著要去學校找朋友！」

猩：「那是人的朋友！我是說我都沒有動物的朋友！」

米線：你知道一隻蝙蝠能碰到最慘的事是什麼嗎？
猩哥：不曉得，晚上六點以後宵禁？
米線：不是，是睡覺的時候拉肚子。

英
國
甜
點

猩哥他們校長印了一堆點心食譜走進教室，宣布十一月她要辦一個感恩節派對，然後大家都要做甜點來共襄盛舉。

　　女孩們男孩們紛紛舉手認養了許多食譜，最後剩下猩哥和幾個小男生不知道要做什麼甜點。校長說：「欸，你們幾個，不要這樣無精打采，來，子嘉，你做這個！」

　　猩哥回到家把那張「覆盆子大黃派」拿給我看時，一再跟我說他真的沒有選擇，校長一定要他們每個人都帶甜點去參加她的感恩節慶祝大會。

　　我說：「好啊，我可以指導你，你自己完成。只不過我們家沒有大黃，我不想去買冷凍的，可是我們家有很多冷凍藍莓，你做一個藍莓口味的去好了。」

　　猩哥：「不行不行，我們校長說一定要英式的甜點。」

　　我：「英國人也吃藍莓啊。」

　　猩哥：「我不確定我可以隨便更改我們校長給的食譜耶，不然我明天去問我們老師。」

　　第二天，他跑去問了老師，老師叫他去問校長。他走進校長室，囁囁嚅嚅地跟校長說：「我媽媽說我們家沒有這個甜點的食材。」

　　校長：「你媽媽嫌麻煩嗎？」

　　猩哥正想問她可不可以作藍莓派，校長就直接打斷他：「算了，你明天把食譜拿來還我，我看怎麼辦再說。」

　　晚餐時米線聽了猩哥的轉述，跟他說：「你們校長

一聽你說家裡沒有食材，就直接理解成你媽不願意做這個點心，所以叫你拿食譜去還她。」

　　猩哥：「而且我們明天一整天都是校外教學，我哪可能拿食譜去校長室還她。」

　　我：「你想辦法讓她了解，我們不是不要做點心，而是我們想做藍莓派。」

　　米線（攪局）：「或者你跟她說，我們家沒有大黃，可以放大蔥替代嗎？」

　　我（瞪他一眼）：「放芹菜啦，芹菜和大黃不是更像。」

　　猩哥（憂心忡忡）：「可是媽媽，我怕我做的不好吃，妳可以幫我做嗎？還是我們去用買的，還是我們去麵包店訂做一個？」

　　我：「不行，怎麼可能為了這個去花那個錢？我可以教你怎麼做，但你要自己操作啊，是你學校的事，你要自己完成。」

　　米線：「而且，你們校長說要英式口味的甜點，那不好吃是正常的。」

猩式邏輯

在地鐵上：

| 人和動物 |

猩哥：「巴巴，如果你是共和國總統，你就可以刪掉字典中的任何一個字嗎？不然的話，該怎麼做才能刪掉字典裡的某個字？」

巴巴：「共和國的總統恐怕不能隨便刪掉字典裡的字吧？他必須跟他的顧問們商量，我想。」

我（好奇）：「那如果是你，你想刪掉字典裡的哪個字？」

猩哥：「我想刪掉人（humain）和人性（humanité）。」

我：「為什麼？」

猩哥：「我認為我們不應該再認為自己比動物高級，可以主宰他們，我認為我們和動物是平等的，所以不用另外取名字，我們就是動物（animaux）。」

我：「可是你知道嗎？『動物』這個詞含蓋的範圍比『人』還要來得廣泛，『人』是被包含在動物裡面的，當我們說我們是人，同時也在說我們是動物的一部分。」

米線（露出不以為然的樣子）：「才怪。」

|Rosironron|

早上猩哥問：「媽媽，為什麼豬要叫做狗熊（cochon）？我覺得『狗熊』這兩個聲音根本不像豬的叫聲！」

我：「那你認為該怎麼叫豬？」

猩哥：「可以叫他們齁齁（學豬叫）。」

我：「嗯，很好你學豬叫學得很像喔，那我們要怎麼寫豬的新名字啊？」

猩哥：「可以寫成 r-o…n，…ronron！」

猩哥（對這個豬的新名字感到很滿意）（沉吟了一下）：「前面再加一個 rosi 好了，因為豬全身都是粉紅色的！rosironron！」

我：「很好呀，不過只有你一個人叫豬『rosironron』，那也沒有意思，大家還是不曉得你在講誰，一個名字，要大家都那樣叫才算數。」

猩哥：「那怎麼辦？」

我：「不然你去法蘭西學院找那群老頭子好了，你知道嗎？有一個地方叫做法蘭西學院，裡面都是老頭子，每一個都一百二十歲，他們的頭看起來全像神木的樹根那麼老，就是他們負責在編法文字典的。」

我（繼續）：「如果你有辦法說服那群頭像樹根的老頭子把豬從『狗熊』改成『猴之駒駒』，那以後大家查字典想知道豬怎麼叫的時候，一看到『猴之駒駒』，從此大家都會叫豬『猴之駒駒』，再也沒有人叫豬『狗熊』。

「這個時候，大家就會忘記『狗熊』這個名字，於是這個名字就會被湯婆婆收去，編入她的『被忘記的名字大辭典』裡面。」

猩哥：「湯婆婆？」

我：「不是嗎？神隱少女裡面那個專門讓人忘記自己名字的湯婆婆，她也收集被人遺忘的名字。」

猩哥（開始同情起狗熊這個名字）：「那如果我叫老頭子在他們的字典上寫說豬叫做狗熊也叫猴之駒駒呢？」

我：「那還是一樣，到最後大家都會習慣只叫一個，

忘掉另外一個，其實，豬在叫做狗熊之前，也許也叫過另外一個名字，只不過我們忘掉了。」

猩哥：「那要去查湯婆婆的字典嗎？」

我：「對呀，譬如你從前，很小很小的時候，你叫做阿努親，我都叫你阿努親，藥房的太太都說，哇這個名子跟這個小貝貝一樣可愛，可是，後來，後來我們就不這樣叫你，因為你長大了，會說話了。阿努親就被忘掉了。」

猩哥（鄉愁）：「喔！我好喜歡阿努親這個名子喔！媽媽妳以後再叫我阿努親好嗎？」

我：「那得去問湯婆婆肯不肯把它從『忘名大辭典』中放出來。」

TiDAT（滴答）
巴巴小時候的小名
可能跟他小北鼻時
常發出 Da da da 的聲音有關。

多多
馬麻小時候的
小名，因為她
的話超多。

Anouchin（阿努親）
我小北鼻時的小名，
語源不詳，我媽說
她隨便亂叫的。

　　猩哥給我看他在學校的作業。其中有一項是聽故事寫心得。裡面有個故事叫《烏龜和鸛鳥》。

　　鸛鳥遇到一隻在地上慢慢爬行的烏龜。鸛鳥說：「那邊的風景很漂亮，你看到沒？」

　　烏龜說：「我沒看到，我看不到。」

　　因為烏龜在地上爬，牠的「腦接地」（tête à terre，引申為腳踏實地的意思），專注眼前。鸛鳥會飛，牠的頭在空中（tête en l'air，引申為心不在焉的意思），看得遠。

　　鸛鳥覺得跟烏龜沒話說，決定飛走。可是牠沒注意看，被烏龜的腦袋絆倒在地。

　　老師接著要大家寫心得，她提出的問題是：腦袋要放在哪裡比較好，地上還是空中？

　　只見猩哥寫道：「腦接地」比較好，可是「頭在空中」也很重要，因為腦接地的人什麼都看不到。但就片語而言，當然是腦接地比較正面。

　　我看了問他：「你真的這麼想嗎？」

　　猩哥：「對啊，如果你像烏龜那樣，頭埋著往前爬，看起來很專心，可是我相信牠什麼都看不到。頭要抬起來才能看到很多東西，不然藝術家哪裡來的那麼多靈感，因為他看得到很多，有人長了貓耳朵，還是什麼奇妙的動物。」又加了一句：「我相信大部分人的頭都是在空氣中。」

| 奧菲的兩難 |

早餐桌上。我點開一支TED的影片來看，講奧菲和尤莉底斯神話[※]的動畫片。猩哥在一旁跟著看。看完我不懂，問他：「為什麼不能回頭看？」

「我怎麼曉得？！」他邊回答邊嚼著他那片塗滿榛果巧克力醬麵包。

「我不懂為什麼不能回頭看？」

「我也不懂啊！」

「那你不能幫我想個理由嗎？」

「那大概地獄之王不希望奧菲跌倒吧，所以叫他走路要看前面不要看後面！」

「不錯耶，人就是會一直回頭看才不能往前走不是嗎？不過基本上奧菲會跑到地獄去找他太太就是在回頭看，他忘不了他太太，走不出傷慟期。」

他吃完他的榛果巧克力麵包，擦擦嘴巴：「我可以開電腦準備我明天要上台的報告嗎？」

「那你再幫我想一個！為什麼不能回頭看？」

他搔搔頭：「因為地獄之王派了一個死人骨頭跟在他後面，如果他回頭看，看到死人骨頭，就會覺得啊竟然變這樣好可怕，那我不要了！如果他沒有回頭看，地獄之王就會說，嗯很好，通過考驗，就把他的未婚妻還給他！」

※奧菲的新婚妻子尤莉底斯被毒蛇咬死。奧菲下地獄請求冥王讓妻子復生，冥王終於答應，條件是返回地面的途中不可回頭看跟在背後的妻子，但奧菲終究忍不住回頭了，尤莉底斯於是重新墜入地府。

「這個也不錯，你是說尤莉底斯已經變成死人骨頭了？所以我們的回憶和現實是有差距的！」

「沒有沒有，她還是很漂亮，那個死人骨頭是地獄之王派去要考驗奧菲的！」

誰比較累？

盤子裡的食物要吃光哦！丟掉浪費！閃電娘娘會用閃電幫雷公照亮，雷公看到誰在亂丟食物，就會用雷打他哦！

那天氣好的時候我們是不是可以比較放心地把食物拿去丟掉？

每晚睡前，米線和我會輪流去替猩哥「侍寢」。米線通常會從書架上抽一本圖畫書唸給他聽，而我則傾向說故事。為猩哥講故事很有趣，他常常會提出令人意想不到的觀點。

| 白蛇傳 |

猩哥聽到法海和尚把白素貞跟小青壓在雷峰塔下面，白素貞跟小青扭來扭去說救命啊救命啊放我們出來，法海和尚於是冷笑著說，哼，妳們這兩個壞蛇蛇，壞妖怪，壞女生，我絕對不要放妳們出來，免得妳們再去害別人！猩哥嘴扁扁的一副要哭要哭的樣子問：「她們兩個有害許仙嗎？」

我說：「沒有啊，她們兩個對許仙很好喔，還幫他煮飯洗衣服，還幫他按摩，還陪他做功課，還買很多水果給他吃，白素真還要幫他生一個小貝貝，結果沒想到法海和尚怎麼這樣！！可能他不喜歡蛇吧？」

猩哥（快要哭的樣子）：「可是我們要愛護動物捏，如果我們隨便害動物的話，地球就會完蛋耶！」

後來講到白素貞她兒子每天都準時去上學沒有遲到，最後考試都考一百分當了大官，請了很多工人去挖雷峰塔，終於把他媽媽跟小青救了出來。

猩哥也是很感動，又要哭了（哭點還蠻低的）。

猩哥問：「那……那個小貝貝長什麼樣子？像蛇還是像人？」

　　我：「呃，可能有點像蛇也有點像人吧，因為是混血兒囉！」

　　「他的舌頭會不會很長，然後前面還分岔？」

　　「這我就不曉得了，不過看過的好像都是人的樣子，也許人的基因比較強所以看不出有蛇的基因，但他也許很喜歡吐舌頭？」

　　我：「伍子胥姓伍，名字叫子胥，子是子孫的子，胥是……胥是……」

　　猩哥：「sucette（棒棒糖）的胥嗎？」

　　我：「差不多啦，發音是有點像（我的國語有那麼不標準喔？）。」

　　猩哥：「可是sucette是法文，伍子胥的胥是中文……那伍子胥的伍是屋頂的屋嗎？」

　　我：「不是，伍子胥的伍是一二三四五的伍，三聲伍，屋頂的屋是屋，一聲屋，伍子胥他家的屋頂上總是停了一隻烏鴉，這天起了大霧，霧裡走出來兩個士兵，原來是國王派來要抓拿伍子胥爸爸的……」

　　（然後就開始講伍子胥的故事，兒童版。）

　　一直講到伍子胥頭髮變白，過了昭關，又被追兵追趕，有船夫義助他過江，他要送船夫寶劍，船夫說國王的賞金一百萬歐元我都不要了，我會收你的寶劍嗎？

　　猩哥：「為什麼伍子胥的頭髮會變白？」

　　我：「就是因為各種負面的情緒在他的心中像煮開的開水那樣一直沸騰、憤怒、著急、害怕……就把他的頭髮變白了，所以你看你不要惹我太生氣啊，不然我的頭髮也會變白。」

　　猩哥：「那如果伍子胥後來去理頭髮，再長出來的頭髮是白的還是黑的？」

我：「呃……那個時候的人不流行短頭髮吧，他們的頭髮都留很長。」

猩哥：「那他後來繼續長出來的頭髮是白的還是黑的？」

我：「不曉得捏，歌仔戲都沒有演到這一段。」

（關於船夫）

我：「你看那個船夫，他不要國王的賞金，寧願幫助伍子胥，這就是正義感。」

猩哥：「什麼是正義感？」

（後來他說這個故事裡面他最喜歡的是船夫，因為他最善良。）

猩哥：「媽媽，妳說的這個故事，伍子胥是真的有存在過的人嗎？還是發明（inventer）出來的？」

我：「呃，應該是真的存在過的人吧（記得史記裡面有紀載）？」

猩哥：「那妳就算跟哆啦Ａ夢借時光機也找不到他了吧，因為他已經死很久了對不對？所以我們只能透過電影看到他對不對？」

我没有想要剪頭髮,是我媽逼我來的,所以拜託您幫我剪長,愈長愈好!等我留夠長了再來染成白金色,夠酷吧?!

　　講到嫦娥趁后羿不注意把兩包長生不死藥塞進嘴巴裡，然後身體就飛起來的時候，猩哥一骨碌從床上爬起來說，「啊！我好害怕！」

　　問他怕什麼，他說怕后羿沒有吃藥要死掉了。

　　我說：「可是他是一個暴君，壞國王，比天上有九個太陽還可怕。」

　　猩哥：「可是他本來是好人，為什麼後來會變壞人？」

　　我：「可能當上國王，權力讓人腐化吧。」

　　猩哥：「什麼是權力？」

　　（簡單地跟他解釋了一下。）

　　猩哥：「那為什麼我們不要跟后羿講，然後讓他再變回好人呢？」

　　他最後的心得：「這個故事我最喜歡的是國王，因為他本來是好人，幫大家把太陽射下來，可惜他後來變成壞人，沒有吃到長生不死藥就死了，讓我好難過。」

　　我：「那嫦娥呢？」

　　猩哥：「誰啊？」

　　我：「嫦娥啊！飛到月亮上的那個啊！這個故事的主角就是她啊！」

　　猩哥：「喔，好啦，不要那麼用力講話嘛，嫦娥我也喜歡啊，那她現在在哪裡？」

（對於嫦娥現在還住在月亮上這事他並未表現出太大的興趣，他關心的焦點還是那個本來是好人為民除害，後來變成暴君，最後死掉的后羿。）

昨天讀故事書，讀到莊子的螳螂捕蟬。我趁機跟猩哥解釋了一下什麼是食物鏈。

猩哥：「螳螂要吃蟬，黃雀要吃螳螂，那『裝死』要吃黃雀嗎？」

我：「莊子，不是裝死。」

猩哥：「那莊子是專門吃鳥的嗎？」

我：「應該也會吃別的東西吧，不只吃鳥而已。」

猩哥：「那還有什麼動物吃鳥？」

我：「貓、老虎、老鷹、蛇……肉食動物都可以吃鳥吧！」

猩哥：「那為什麼不是貓、老虎、老鷹去吃鳥，要裝死……莊子去吃鳥？」

我（開始有點煩）：「這個故事就是莊子說的嘛！如果是哆啦A夢還是巧虎說的，那就是他們要吃鳥囉。」

猩哥（覺得媽媽怎麼這麼不靈光）：「好吧，

莊子有可能是一隻在作夢的蝴蝶，
或蝴蝶是作夢的莊子。

這樣說好了，哆啦Ａ夢是貓，巧虎是老虎，那莊子是什麼動物？」

　　我：「莊子是一個人啊！」

　　猩哥（失望）：「是喔，我還以為他是動物，原來是一個人呀……」

　　這大概就是讀了大量走擬人化路線的童書繪本的副作用吧？

那也許我也是這個夢的一部份…

| 水裡的狗 |

　　猩哥唸伊索寓言。今天唸的是一隻狗叼了根肉骨頭過橋，看到水裡有隻跟牠長得一模一樣的狗也叼了根骨頭，覺得對方的骨頭比較大想搶過來，結果張嘴想吠幾聲嚇唬對方時，牠的骨頭就掉進水中，牠再定睛一看，發現另外那隻狗的骨頭也不見了。於是很失望地離去。

　　「這個故事要告訴我們什麼？」我問。

　　「不要學別人，別人做的也許是傻事。」他一心只想趕快放風，隨便說說。

　　「你從哪裡看出來？」

　　「水裡那隻狗學橋上的狗把骨頭吐掉，很笨。」

　　「水裡的狗是橋上的狗的倒影啊，當然做一模一樣的事！」

　　小孩看我不甚贊同他，連忙道：「不然就是不可以像橋上那隻狗那麼笨。」

　　「笨也沒關係，牠要是不貪心的話，還是可以吃到骨頭。」我暗示他。

　　「不然就是牠不用跑那麼遠還要過橋去吃，得到骨頭要馬上吃掉最好。」

　　「對，可是這隻狗最大的弱點是？」我不放棄。

　　「搞不好水裡那隻狗看到橋上那隻狗，牠也會以為橋上的狗是牠的倒影耶，所以，其實是水裡的狗想搶橋上的狗，橋上的狗照作而已，我們都誤會牠了。是說，媽媽，為什麼橋上的狗會覺得水裡的狗的骨頭比較大？不是應該一樣大嗎？」

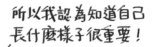

晚上吃飯時我讓他跟巴巴說這故事,用法文講得活靈活現的,比之中文流暢甚多。巴巴聽完問他:「這個故事要告訴我們的是……?」(大人就是一定要這樣為難小孩嗎?)

猩哥:「我們要知道自己長什麼樣子。」

巴巴:「對,你說得很好,而且不要輕信某些許給我們的利益,也許那根本是一種幻影。」

那真是美好的童年回憶。因為我爸都會說他的加強版，就是放羊的孩子回家後如何被罰站，並且不准吃晚餐，我每次聽到這裡都會忍不住流下恐懼和同情的眼淚，對放羊的孩子產生很大的同理心。這大概是我這輩子第一次的悲劇體驗吧！如今傳承的時候來了，我開始說放羊的孩子給猩哥聽。當然說的也是加強版。人道是長江後浪推前浪，所以我很用力給它加強又補強，包括放羊的孩子之前如何調皮又淘氣，村民被騙時如何地氣憤，放羊的孩子最後受到如何的懲罰等等等……

果然，猩哥眼中泛出了他人生中第一次體驗到悲劇的淚光……

可是，現在的小孩子真的已經變得那麼不好騙了嗎？當我過幾天又開始說到放羊的孩子時，講到最後的說謊的下場時，他竟然在那邊笑……

我只好又臨時加了很多料上去，加到最後變成不知如何收尾的「放羊的孩子到現在還在門口被罰站不能進來吃晚飯……」

昨天，睡前的故事時間又來了。我想來想去再度提議來講「綿羊超人」（猩哥幫放羊的孩子取的名字）。

猩哥：「妳不要講好了，我來講！」

我（露出不能上場的失望表情）：「好吧！」

猩哥版的綿羊超人，前面的經過都差不多，可是，當綿羊超人說了兩次「狼來了」的謊之後……

「他三次說的是真的，他第四次、第五次、第六次、

第七次、第八次、第九次、第十次說的，都是真的，真的有大野狼來！

「農夫來都有打到大野狼，大家都很高興，都說綿羊超人你好棒喔！

「綿羊超人就回家了，媽媽也說他很乖，不用罰站，就去吃飯，吃完飯就洗香香，然後刷牙然後去睡覺。」

猩哥版的綿羊超人告訴我們：說謊不是不可以，如果你誠實的次數比說謊的次數多很多，大家還是會相信你的⋯⋯

（媽媽的心得報告：我還是喜歡我小時候聽的有本土連續劇風格的狗血版說。）

（不要說謊）

| 阿拉伯人與駱駝 |

　　讀中文。讓猩哥唸一篇伊索寓言裡的故事《阿拉伯人與駱駝》，他看著注音符號念，念成「阿拉伯人與囉嗦」。ㄊ和ㄙ，一個有手臂一個沒手臂，他老是搞混。不過我覺得這比較是詞彙的問題，不然書上有圖，看也知道，我指著圖問他：「這隻是什麼？」

　　「dromadaire 嗎？」

　　「對啊，中文怎麼說？」

　　「不知道，囉嗦嗎？」

　　「駱駝！ 落下來一坨！ 記著！」

　　他開始念。不是很順暢。語文這種東西不天天接觸就是會這樣。

　　故事是這麼寫的：

　　一個阿拉伯商人牽著一隻駱駝穿過沙漠。晚上，商人搭起帳篷過夜。睡到一半被吵醒，帳篷簾子被掀了開來，駱駝頭伸進來問他：「外面風沙實在太大，吹得我眼睛睜不開，讓我把頭伸進來就好，拜託。」商人想，外面真的很冷，駱駝這樣怪可憐的，於是說好。讓駱駝把頭伸進帳篷裡避風之後繼續睡，不料過了一會兒，又被吵醒了，駱駝又跟他說：「主人，我這樣一直站著，真得很不舒服，可以讓我把半個身子進來就好嗎？」商人想想又善良地說好，但帳篷很小，駱駝進來半個身子之後，他就沒地方睡了，只好縮在帳篷的一角。過不久，

駱駝又說：「主人，你看我只進來半個身子，帳篷的門簾沒辦法拉上，風一直吹進來，這樣你和我都冷到了，不如讓我整隻就進來帳篷裡吧。」阿拉伯商人想想也有道理，終於答應了他。沒想到駱駝整隻進來後，就一腳把商人踢到帳篷外面去了。

唸完我問猩哥：「這個故事要告訴我們什麼？」

猩哥：「嗯，要小心。」

我：「小心什麼？」

猩哥：「小心不要踢到別人。那隻囉嗦不小心，所以把商人踢到外面去了。」

我：「不是，這個故事是要告訴我們，有些人就是會得寸進尺，要小心的是這種人。」

晚餐桌上。猩哥把今天讀到的伊索寓言跟巴巴說。說完老氣橫秋地問：「你知道這個故事要告訴我們什麼嗎？」

巴巴很感興趣：「你說呢？」

猩哥：「這個故事告訴我們如果你要到一點，就可以要更多，譬如媽媽讓我看半個小時的電視，半個小時到了我就可以問她，那我可以玩你的手機嗎？」

巴巴：「我不同意這樣的觀點。那隻駱駝真得很苦，他本來就可以協商尋求讓自己好過一點的方式的，但這個故事硬要按上一個駱駝達到目的後就把商人踢開的結尾，讓他有道德瑕疵。」

－先生，小孩子坐不住，動來動去是很正常的！
－如果您管不住您的小孩，就不該帶他們來這種場合。

| 一 |

　　昨天下午天氣不好，我們決定去新凱旋門的電影城看電影。看四點那場，人不多也不少。我們坐定之後，來了另外一大家子人，坐在我們後排。

　　那個小鬼一直踢我的椅背。

　　我忍了一會了，轉過頭去輕輕地跟他：「Si te plait 拜託你……」然後指指我的椅背，那個小鬼大概小學二、三年級的樣子，點點頭應好，我道了謝把頭轉回來。

　　接著便聽到他在那邊竊笑，跟旁邊的兄弟父母說：「La dame（指我）如何如何……」後面幾個小孩笑成一團……然後變本加厲地繼續踢我的椅背（可能覺得更有趣吧？）。

　　接著，坐小鬼旁邊的媽媽，見我旁邊無人，把她手上的大衣和手套往我的鄰座一丟，大衣一角碰到我的頭髮，我反射性地回頭看。

　　小鬼的媽說，對不起！我把頭轉回來，只聽見她在我後面說：「Je l'ai rien touché!（我根本沒碰到她！）」

　　小鬼繼續踢我的椅背，電影臨開場前，我跟米線說，我跟你換位子好嗎，我後面的小孩一直踢我。

　　小鬼的媽媽聽了，頭突然伸過來口氣很不好對我說：「太太，他不是在踢你，他是在動他的腳，這有所不同，好嗎？」

　　米線聽了說：「他是在踢還是在動他的腳，結果還不都一樣。」

　　小鬼媽媽反唇相譏，說電影院位子那麼小，小孩動來動去很正常。米線說：「太太，你看我一百九十公分，這電影院的位子還是可以讓我有地方放我的腳，不會去碰到前面的椅背，這是公共場所，我們大家一起在看電影，互相為對方著想不好嗎？」

　　（其實我後面那小鬼根本是用他的腳踩在我的椅背上，又踩又踢。）

　　小鬼媽媽於是提高嗓門，偏巧這時電影院光線開始暗下來，小鬼媽媽說：「好，我現在不想跟你說，等一下我們再來算帳！」

　　米線說……（我沒聽清楚）……merde（美和德）！

　　猩哥：「不要講髒話。」

　　（小鬼媽聽了在後面鬼笑。）

　　米線：「孩子，你說的沒錯，但不幸的是我們一定要走到這樣的地步。」

　　（電影開演）

　　我心裡七上八下，這個前奏曲完全破壞了我觀影的樂趣，我一直在想小鬼媽說「看完電影再算帳」是什麼意思，她們家是作黑道的嗎？！

　　結果，坐米線後面那個大人（現在坐在我的後面），跟小鬼一樣愛「動動腳」，有時候連踢四下，這真的不是故意的嗎？

　　（電影演完了）

　　小鬼一家人很快起身走了，我跟米線有默契，動作

放慢，我們是最後幾個走的，我走出去的時候還在想，小鬼媽媽有沒有找了人等在出口要跟我們「算帳」？

然後我們又去逛了一下玩具店，買了點東西，新凱旋門的購物中心昨天人不是很多。

買完東西，我突然覺得好睏，問米線幾點了。米線手機沒電了說他不曉得，不過他認為肯定已經七點了。

想到回家還得煮飯，我覺得很累，於是建議去速食店解決晚餐。

他二人沒有異議。我們走進速食店到，也沒什麼人，我們點了餐，端著餐盤有說有笑走到餐廳一個沒有什麼人的角落上。這家之前每次來每次客滿，今天這麼輕易就能入座，好開心。

我把我的包包掛在椅背上，拿出乾洗手給他們用。

和米線自然而然開始講起剛才的經過，我們都覺得現在的人怎麼侵略性愈來愈強，講話動不動就用威脅恐嚇的云云，愈講愈起勁。

我看了一眼我的包包，在心裡對自己說，這個包包就這樣掛在椅背上不太好，我應該把它換個位子。

（繼續跟米線講電影院裡的經歷，還有在其他地方的所見所聞……）

米線（突然）：「妳的包包呢？」

我轉頭一看，包包沒掛在椅背上，也沒放在我腳邊……

我緊張起來了，站起來，四處張望，店裡沒什麼人，最靠近我們的是一個推著嬰兒車的吉普賽女人，我問她：

「我的包包被偷了，您有沒有看到有什麼奇怪的人走過去？」

　　吉普賽女人：「蛤？我什麼都沒看到！」

　　我轉頭望著米線。米線說，我剛才看到一個男人坐在妳的後面，低著頭好像在弄他的袋子……

　　話沒說完米線就跑出去了，要去追那個小偷，猩哥跟他巴巴的後面也跑了，我叫他回來他也不聽，我看著桌上還有米線的背包和我們的外套，要去追小孩也不是，要留在原地看著那還沒被偷走的東西也不是……

對不起，太太，我什麼都沒看到…

|二|

　　我失魂落魄地在原地等了一會兒，只見我那幸好沒走丟的孩兒從速食店外走道欄杆邊突然浮現（我剛才沒看見他其實只是趴在欄杆上張望），問我：「巴巴跑到哪裡去了，我看不到他，我可以去找他嗎？」

　　我：「不要亂跑，媽媽的包包被人偷走了，巴巴去追了，我們在這裡等他。」

　　一邊講我一邊覺得頭皮發麻，包包裡面有我的信用卡、支票簿、身分證、駕照、健保卡……

　　「幸好裡面沒有手機。」我還安慰自己。

　　憶起臨出門前，米線因為我們娘倆又在那邊要先尿尿擤鼻涕，再度「哈累」起來的時候，我低頭看見自己包裡忘了放手機和相機，便想算了，不回去拿了，免得哈累大王哈得更大聲。

　　從電影院出來，去逛玩具店的時候，看到架上一本《我不再哈累》，還調侃了他一下……「有個哈累大王其實也不錯……妳能想像手機連信用卡一起被偷嗎？」我一面暗自慶幸，只見大王上氣不接下氣地跑回來。

　　「可惡！我剛就看他在那邊鬼鬼祟祟，可是我沒有及時反應過來！」一副很自責的樣子。

　　我說：「你看到他的正面了？他長什麼樣子？」

　　「怎麼形容，就……就滿臉鬍渣……呃，比我的還要多一點啦……然後……全身上下都是黑衣服……東歐人的臉……」

速食店裡那個打工女生垂著手站在一旁看著我們，用背書似的平板語調（也許是他們店長傳授的台詞）：「很抱歉太太，我們沒辦法幫上您什麼忙……」

米線收拾東西要往外走，我六神無主地跟在後面。我們從那吉普賽女人和她的嬰兒車前面經過時，女人突然用不流利的法語結結巴巴地跟我說：「對不起太太，我真的什麼都沒看見，因為我一直在顧寶寶……」

我對她擺擺手，腦子裡拚命回想包包裡到底還放了什麼……我兒子的游泳證、小學食堂的加值卡……還有什麼？還有什麼？好像還有一個去京都時在天龍寺買的平安御守？紫色的，天啊，我超喜歡那個御守的……

一面想，一面跟著我前面那牽著兒子的老公背影，

-什麼?包包被偷了?
嗯…這樣的話……您需要
去警察局報案!

他好像先跟兩個(一個叫優哉,一個叫游哉)正在巡邏
的保全說了話,他們叫他去服務櫃台。到了服務櫃台,
另外一組優哉游哉保全又晃過來(其中一個有口臭),
帶著我們走到購物商場門口,再過去就是像外太空一樣
漆黑寒冷的新凱旋門廣場。

　　「……然後繞過那個雕像,警察局就在後面。」有口
臭的警衛對我們說:「年底了,扒手小偷多得不得了……」

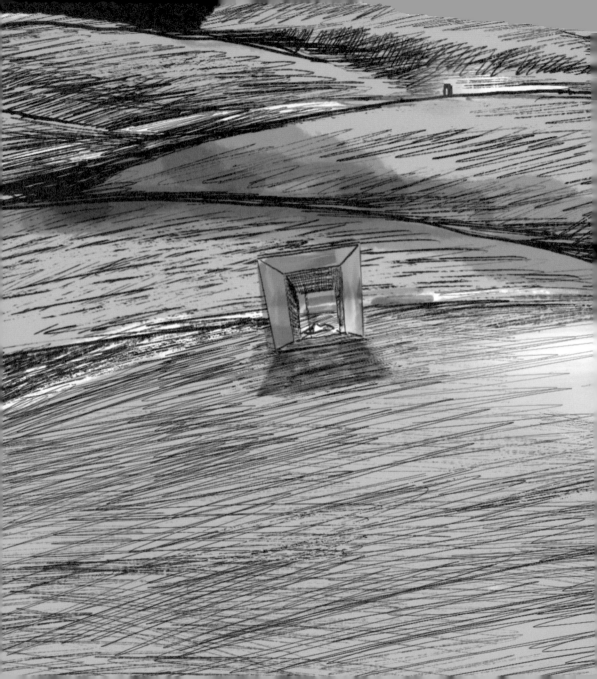

你們看到那個雕像嗎？在那裡右轉再走100公尺就是警察局。

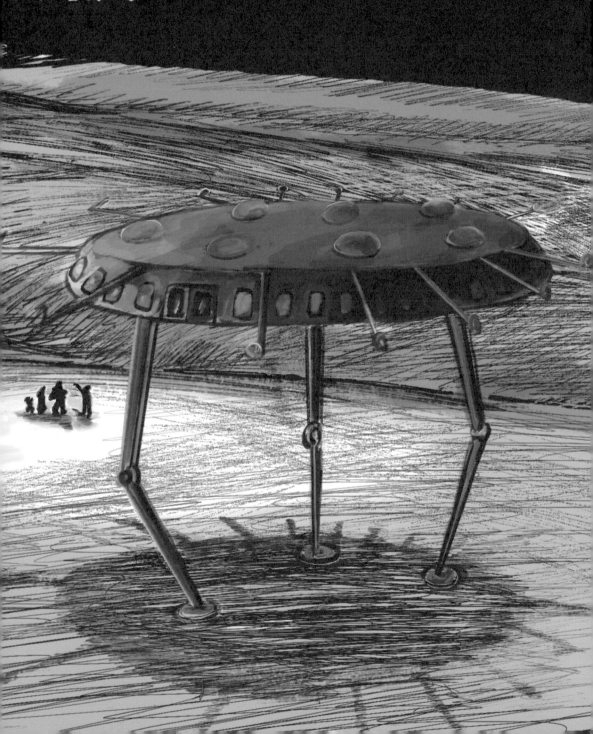

　　我們走出太空艙，開始在這個無人的星球表面漫步。廣場上的聖誕市集已經結束，還沒拆掉，在星月無光的蒼穹下宛若一艘時空中擱淺的鬼船。小猩非常興奮地問：「壞人在哪裡？壞人在哪裡？」米線拉著他往前跳，我奮力地又跨出了感受不到任何地心引力的一步追上去：「會不會有人已經開始用我的信用卡在那邊補買聖誕禮物啊？」

　　米線聳聳肩：「如果我的手機有電，我早就打電話止付了，問題是我手機現在乾得跟乾屍一樣，一滴電也沒有……」

　　警察局裡泛著像停屍間一般蒼白的日光燈。

　　值班的是一個有點像（五十來歲的）克林伊斯威特的警察，看見我們便推開玻璃隔間的門走出來：「晚安。」

　　這克林伊斯威特原來是位女士。

　　米線將我們的不幸遭遇說了一遍。

　　克林伊斯威特太太：「我建議您馬上打電話去做信用卡和支票的止付。」

　　米線：「我也是這麼覺得，要不是我的手機沒電……」

　　克林伊斯威特太太（像正義使者在掏槍似地）把櫃檯電話一把抓起來放在米線面前：「我幫您接到全國聯合信用卡緊急處理中心，您記不記得全部的卡號？……說得也是，很少人會去記那個……不過有姓名、發卡銀行名稱再加上個資核對，應該是沒有問題……我進去幫您連線，請您等這電話響兩聲再拿起來……」

話機上的話筒開始抖動。米線依囑讓它呻吟了兩下，戰戰兢兢地拿起來：「哈囉，我要報失，我是……云云。」

　　（電話那頭的嘰哩咕嚕聲。）

　　米線：「是的，卡號我們記不住，但持卡人的姓名是……發卡銀行是……持卡人生年月日嗎？好的，是……是，是……好的，我向您確認止付聲請……」

　　（電話那頭的嘰哩咕嚕聲。）

　　米線：「還有，先生，我們的支票簿也丟了……」

　　（電話那頭的嘰哩咕嚕聲。米線後來跟我說對方一聽到支票簿三個字就開始抓狂了，一直講他不管支票簿，停不下來。）

　　米線：「我了解了先生，那先生我想請問您……」

　　（電話那頭的嘰哩咕嚕聲。）

　　米線：「先生，請您聽我說……」

　　（電話那頭的嘰哩咕嚕聲、嘰哩咕嚕聲。）

　　米線的臉開始往下拉：「先生，我只是想問……」

　　（電話那頭的嘰哩咕嚕聲、嘰哩咕嚕聲、嘰哩咕嚕聲。）

　　米線看得出來正努力克制自己不要在克林伊斯威特太太面前變身為哈累大王：「拜託您聽我說一句就好（電話那頭同時傳來快轉速度的嘰哩咕嚕聲）……」米線提高音量：「我只是想請問這個電話是不是二十四小時開放？」

　　電話那頭的嘰哩咕嚕嘎然而止：「是的。」

　　米線：「謝謝您聽到我的問題並回答我。」

電話那頭的嘰咕哩嚕聽了這句，一下變成哇啦哇啦。

米線邊聽邊搖頭，喃喃自語：「這不是真的……這不是真的……」

信用卡止付最後不歡而散收場。

一直維持著風度的米線有點用力地把話筒輕輕地放回去。

克林伊斯威特太太搖搖頭，講了幾句同情的話。又轉頭問我：「那您包包裡沒有手機吧？那賊信用卡連手機一起到手，上網愛買什麼就買什麼……」

我說：「幸好，手機沒在包包裡，出門前發現忘了帶，懶得回去拿就……」我眼前出現自己把門關起來並上鎖的畫面，接著我看見自己把鑰匙串往包裡一塞。

「呃，老公，我想……我想到包包裡還有我們家的鑰匙。」

米線：「太好了，這下子他們可以循著地址拿著鑰匙開車過去搬了……」

然後便拉起猩哥，我跟在後面，三人往電車口飛奔……

　　我家離新凱旋門廣場只有三站電車的距離，等車加坐車十分鐘左右。我從米線眼底看到他腦中正不斷進行的實況轉播：一群從電影裡跑出來的蛇髮怪龍已將我家客廳夷為平地，牠們那強而有力的後腿正在恣意踐踏，其中一隻大蜥蜴拾起一本蜘蛛人漫畫，牠那狩獵者的犀利眼光和發達的大腦正迅速地估量這本一九四八年美國原版連環圖畫的價值……而仍擠在電車上的我們，則是那種碩大無朋、腦容量和身體體積成反比、動作緩慢、性情溫和的素食爬蟲類，肉食者眼中肥滋滋的佳餚……

　　我們到家後，只見出門前忘了關掉的聖誕樹閃燈在那兒一眨一眨，客廳尚未被夷為平地，米線的蜘蛛超人也還靜靜地躺在書櫃裡。

　　米線說：「我們得趕快換一個鎖。」

　　第二天是星期日。一週來首度放晴，但我們沒辦法按照原定計畫去郊外健行。「在換新鎖之前，我們沒辦法走遠。」米線宣布。於是拖著猩哥先去城裡的警局報案。一出門，我們兩個人四隻眼睛開始往四面八方掃射。

　　沒發現什麼可疑的蛇髮怪龍。

　　猩哥一到警察局，不顧大人要他先別發表意見，很興奮地開始跟那個女警說有人偷了我媽的包包，害我媽超難過，我爸非常緊張，那個人全身是黑的（「全身都穿黑的」跟「全身是黑的」差很多捏，孩子！）……警察小姐因為我們無法提供完整的信用卡號碼，要我們等星期二銀行開門了問清楚再去報案。

　　回家後，米線決定打電話給他昨晚上網搜尋到的一個本城的鎖匠，因為他們的網頁上說星期天也有人在。換鎖的估價是免費的。本來請他們星期一過來，但接電話的太太說，星期天也可以派人過去，算平日價就好。米線急著換新鎖，便要他們馬上派人過來。

　　半個小時後，來了一個長得有點像翼手龍的鎖匠。他檢查了一下我家的鎖，走到餐桌旁坐下開始寫估價單。寫完，米線叫我過去看。

　　我一看，不會吧！

　　我是有心理準備，換鎖不便宜，但要兩千歐元（八萬台幣），這……

　　我說：「我們再考慮考慮。」

　　米線：「反正都是要換的，就換吧！」

　　我問：「這鎖怎麼那麼貴，一個要一千五？」

　　翼手龍：「太太，你們家的鎖是皮卡牌的頂級又頂級鎖，總統府、總理府跟你們用的都是同一種鎖……」

　　我看米線那麼急著想把鎖的問題解決，就不再反對了。

　　那翼手龍接過米線開的支票，下去拿了那個傳聞中總統府、總理府也在用的皮卡牌頂級又頂級之銅牆鐵壁鎖。

　　兩分鐘就換好了。

　　翼手龍啣著米線開給他的兩千歐元支票飛得無影無蹤之後，我好奇拿著那鎖型號上網查詢，愈查愈覺奇怪，怎麼網路上一樣的東西頂多要價七百歐，我們卻付了兩倍以上的價錢。

跟米線說。他也開始覺得有異，拿過去自己查，愈查愈不對勁。

他決定再打一通電話去鎖匠那邊問清楚。這才發現，奇怪，這鎖匠登記的是本城的地址，可剛才那翼手龍給我們的收據上，公司抬頭是另外一家地址在巴黎的公司。

米線跟接電話的小姐說，他們派來換鎖的鎖匠可能搞錯價錢了。小姐說會請翼手龍回電。但翼手龍沒有回電，倒是不曉得從哪裡撥出（因為手機無法顯示來電號碼）一個自稱是皮卡牌經銷商的傢伙打來了，他說，翼手龍剛才換完我家的鎖，又去他那邊取了一副一模一樣的新鎖，然後跟我們確認這鎖的確是那傳聞中總統府、總理府也在用的皮卡牌頂級又頂級之銅牆鐵壁鎖。

米線半信半疑地掛上電話，跑來跟我講。我說，誰知道他是真是假？翼手龍隨便找個人冒充你也不曉得。事實是，米線隔天又跑到本城另外一個鎖匠那邊詢問，很確定翼手龍給我們換的只是一個普通的鎖，另外那個鎖匠說如果是他，五百歐就好。

我覺得自己在二十四小時內被偷了兩次，一次是暗著來，一次是當著我們的面明目張膽地偷。米線說，他不曉得哪一件竊案讓他更難過。

當晚兩個人都睡不著。

接下來的二十四小時，米線又打了不曉得幾通電話，希望那鎖公司能重審他們對我們的收費。

就這樣，從電影院一個一直踢我椅背的小哺乳類開始，到我的包被偷，到最後我們被一隻翼手龍敲詐了兩千歐，今年在一連串的波折中結束了。

―先生太太，現在外面小偷滿天飛，
來裝我這個只要兩千歐元的頂級防盜鎖，
保証讓他們不得其門而入！！

逃票記

火車乘客的莫非定律之一：要進站前永遠掏不到車票。

| 一 |

昨天去銀行領新的信用卡和支票簿，坐火車進城。走近車站時，火車來了，米線拉著猩哥往前跑，一面叫：「快點！快點！」

我趕緊往我的大書包裡掏（包包被偷走後，還沒買新包，在等打折），掏到一張成人票，遞給猩哥時我還在想，沒關係那我就用兒童票進站，進去後再跟猩哥換過來便好。

火車進了站，慢慢地停下來。

米線又叫：「快點！快點！！」

他自己用他的月票進站了，我一面催促猩哥，慌亂中一面又掏了一張成人票，猩哥剛把他的票塞進機器，我就急急地跟著塞，結果猩哥的票從機器另外那頭出來，門也打開，猩哥也進去之後，我的票就這樣不見蹤影了，被吃掉了。

米線拉起猩哥往月台跑：「快點！！快點！！！」

我只好又掏出一張成人票，進去了，進去之後才察覺自己緊張到腦殘，為什麼沒想到要用兒童票。米線用手按著車門，我一跑進車廂，車門便關上開動了，米線還很得意自己趕上火車，不明白我幹嘛臭著一張臉。

我說：「都是你啦，一直在那邊快點快點，我一緊張用了三張成人票！」

愈想愈不甘，又說：「要是我，車來了來不及就算了嘛，等下一班啊！」

米線：「那誰叫妳一早不把車票準備好，都是到了

剪票口才在那邊掏車票，還掏半天，因為妳的包包永遠都是那樣亂七八糟。」

我：「等下一班車的話我不就有時間掏車票了！」

米線：「天氣那麼冷我可不想在寒風中讓我的屁股又冷上十分鐘！」

我：「天氣哪裡有冷，哪裡？！十幾度冷在哪裡？」

我想到物價那麼高，車票那麼貴，一下子用掉三張，真是心如刀割啊，接著又想到那個兩千歐元的鎖……臉上都是大便……

猩哥：「媽媽，妳又不是巫婆，為什麼要作出一張巫婆的臉？」

| 二 |

領完信用卡，打算去百貨公司逛折扣季買新包。

人山人海，被撞過來又撞過去，一輛垃圾車要右轉竟然停都不停，米線看那車都要擦到猩哥了，破口大罵……經過公園看到好好的亭子的玻璃也被人都敲碎，不爽，又罵，車子亂停，又罵，滿地狗屎，又罵。

我說：「你不要一直罵了，我告訴你，愈罵屎會愈多。」

米線指著一家鎖店：「太太要不要再去配付鎖啊？」

我（肚子一把火）：「蛤？那個騙我們的就是這家鎖店嗎（想捲起袖子去砸窗）？」

米線（哈哈大笑）：「妳看看，妳果然比我心平氣和……」

火車乘客的莫非定律之二：
妳趕時間的時候，驗票閘門一定會故障。

| 三 |

　　看來看去沒看到滿意的包，人又多到爆，猩哥還很配合地一直喊巴豆夭，於是我決定打道回府，上網選購。

　　我（對米線）：「我跟你說哈，我這次打死都不要跑了哦，慢慢走。」

　　米線聳聳肩。來到月台上，米線指著打票機問我：「票咧？」

　　我：「回去不打票了，我剛來的時候已經把回去的票錢都付了！！！」

　　米線：「妳確定？」

　　我：「對，我確定，我想這個時候不會有查票員。」

　　米線聳聳肩說隨便我。

　　從巴黎到我家，一共六站，前面兩站上車的都是進城購物要返家的人潮，每個人提著大包小包。我還是有些心虛，火車一進月台便睜大眼睛掃瞄有無敵軍。到了第三站，很多人下車，我正要解除警報，突然看到兩個穿紫色制服的傢伙從我旁邊的車窗外閃過。

　　我說：「查票員！」

　　米線：「趕快下車！！」於是拉著猩哥跳下車，換到下一個車廂。

　　我：「最近我運氣怎麼就是那麼好……」

　　猩哥（用法語大聲地）：「馬麻我們幹嘛下車又上車，是因為看到查票員的關係嗎？」

　　我（感受到四面八方射過來的眼光）：「噓……小

聲一點，不要講了！！」

　　米線一直瞄前面那個車廂有無人在查票，他的結論是：沒有。原來我們剛看到的那兩個查票員，並不是上了我們所在的第一節車廂，而是走進更前面的駕駛艙。

　　我的軍心還是又開始亂起來了，決定下一站下車，等下一班。結果，到了下一站，我們起來正要下車，跟我們擦身而過要上車的，是另外兩個查票員……

　　我們三人站在月台慘白色的日光燈下，天色已全黑，米線跟他的屁股在寒風中冷得直打抖嗦：「妳看看妳的好主意！」

火車乘客的莫非定律之三：有要事外出那天一定會碰上国鉄罷工。

各位旅客，由於社會運動的關係，本日班車預計停駛多的班次，敬請諒解。

我：「那ＳＮＣＦ（法國國鐵）剛才吃掉我一張車票怎麼說，他們會還給我嗎？只能怪我自己倒楣對不對？！我只不過想要一點正義（忿忿不平）……」

我們三個人的屁股在寒風中凍了十分鐘之後，另外一班車又來了。吸著鼻水上了車，現在只要再安全度過一站就到家了……到了下一站，也就是我家的前一站，我們兩個人四隻眼睛像雷達似地掃射。米線說，應該安全，可是我眼尖，看到剛才那兩個擦身而過的查票員之一出現在我們這個車廂的門口……

我說：「他們來了（應該是跟看到喪屍一樣有點發抖的聲音吧）！」

逃下車後，我說：「算了，還有一站，我們走回去好了……」

米線不爽到最高點。

何況那個查票員最後並沒有上車，只是抱著她的信用卡付款機（被抓到逃票可以用信用卡付款哦）望著火車開動，愈開愈遠，不曉得在想什麼……

| 四 |

深夜在家上網，選了一個Ｋ牌的包，米線比價比來比去，跟英國的購物網站買最便宜（含運費）六十五英鎊，於是下了單。

今天早上他一開電腦，我就聽到他在那邊哀哀叫，跑過去一看，昨天要六十五英鎊的包，今天開始大清倉，跳樓價只要三十。

火車乘客莫非定律之四：
妳決定逃票那天一定會碰到查票員．

疫 起 來 快 樂

Happy together

| 三月四日 |

我：你知道，有一條蛇吞下了一整條海灘巾，結果被送去急救。那個獸醫費了好大的工夫才把浴巾從嘴巴把牠肚子裏的浴巾拉出來。聽說蛇會吞下是牠體積好幾倍的食物，然後一動不動等消化。這蛇是有多餓吞下一條海灘浴巾！

米線：如果是眼鏡蛇應該就是不會犯這種錯誤。

我：為什麼？

米：因為牠有戴眼鏡，看得比較清楚啊！

出了門，我才想起忘了帶酒精，發出一聲慘叫。

猩哥在一旁冷冷地咕噥了一句。

「你說什麼？」我興師問罪。

「沒有。」

「你有膽再說一遍！」

「我不想！」

「你有懶趴再說一遍！！」

「我當然有懶趴，可是如果我再說一遍，那是因為妳沒聽清楚，跟我沒有關係好嗎？何況，我說什麼不重要，算了吧！」

今天城裡人少很多，羅浮宮一帶的觀光客稀稀落落。移動起來特別輕鬆。猩哥學畫的教室有好幾個中國家長，今天都沒帶小孩來。一個多月前疫情剛在中國爆發時，他們的小孩進去畫室後，都會很大聲在那討論要

去哪裡的藥局買口罩。現在疫情蔓延過來了，他們也不見了。耳根感覺清靜許多。

到處都買不到乾洗手。在繪畫教室旁邊的超市買到蘆薈膠和分裝瓶，打算回家自己調製。

｜三月十六日｜

人心惶惶。聽說總統晚上要宣布封國，超市出現大搶購，感覺要發生戰爭似的。雖然廣播一再宣傳，不會斷貨，不會斷糧。

家中還有食物，日常用品也不缺，但我真的需要一樣東西。鼓起勇氣走進超市，在人潮中浮沉了不知多久，掙扎著終於來到放衛生棉的貨架前：一包都不剩了。

每個週末城裏都有黃背心的遊行活動。

｜隔離｜

第二天。一早我還在睡，聽見米線在客廳和同事講電話的聲音。才七點多。猩哥不久也開機，他房裏傳來中文發音的影片聲，可能是中文老師寄來的作業。

雖然昨天市政府的臉書還宣布今天週三的露天市集會營業，但我想了想還是算了，家中水果已吃完，可還有青菜，過兩天連青菜也沒了再一起買吧。現在出門都得自己列印路票，權作出門許可證，自行勾選上面條列的出門理由，如採買、就醫、工作等等，無單外出被警察臨檢倒是要罰款的。每次出門都得重新填寫。我很怕麻煩，結果就是把外出次數降到最低。

第三天。在家工作中。超市人沒那麼多了，順利買到兩包衛生棉。猩哥不用上學，但功課變多了，整天掛在網上「作功課」。今天我讓他把筆電拿到客廳來，這樣我們就可以確定他真的有在「作功課」，不然昨晚他自己關在房裏從早上七點一直「作功課」到晚上七點還沒作完，我實在很難相信他哪有那麼用功。一吃完飯抹抹嘴又急著要去「作功課」。

結果，今天他和他爸坐同一間辦公室，聽他爸說，老師給的作業真的很多。猩哥：「我就跟你們說我在作功課，你們就是不相信！」

從那一刻起，我決定要搬到一個有院子的
家，自己種菜，為下一次的世界末日作出準備。

那個青少年開始有躁動現象：

很奇怪！當你可以自由外出時，天氣永遠不好，現在我們被迫留在家中，外面卻是日日放晴。

　　昨晚睡不著，在《快樂的死》裡面讀到這段：

　　他現在知道人生中最重要的是追求快樂。爲此他也理解到人不能和時間作對，而「有時間」是一件最美妙、但也最危險的事情，只有庸材覺得無所事事會要他們的命。

　　隔壁的房客整晚不睡，可能戴著耳機在打電玩，講話非常大聲，米線連續兩晚凌晨兩點被吵醒，十分不爽。發簡訊給房東希望他能約束一下他的房客，房東說他也只能進行勸說，萬一對方還是不願改善，叫老米直接找警察。問題是，他們又不是在開趴音樂放很大聲，警察會管這種事嗎？

　　到了晚上十一點，隔壁又開機了，米線躺在床上翻來覆去很生氣，他前一天已經有敲了牆壁（半夜兩點），鄰居雖稍有收斂，但沒想到不到二十四小時又故態復萌。

　　這時，我突然聽到樓下有人按他們的門鈴！奇怪，現在不是不能外出，這麼晚了怎麼還有人來訪？米線爬起來走到門邊透過魚眼往樓梯間看，看到鄰居開門探出頭來，他遲疑了一秒也開門把頭探了出去，我怕他跟他們吵起來，一直叫他不要太大聲。

　　幸好老米修養還是很好，輕聲細語地請他們可不可以放低聲量。他講完後進屋跟我說，是隔壁的友人出面，

鄰居龜縮在友人後面不敢出頭。至於樓下來按鈴的，其實是個外送員，給他們送了一袋吃的來。

哇！沒想到在這非常時期，晚上十一點還有餐廳願意幫人送餐，生意真的變得那麼難做！

家裡有時像個壓力鍋。關在房裡畫圖，也不想幫他們弄飯，讓他們自己用。

我發現和全世界你最愛的人二十四小時不間斷地同處一個屋簷下，其實壓力也蠻大的。

| 四月二日 |

　　昨天是四月一日，猩哥一早起來就說要慶祝一下，在他爸背上貼了一串超市水果上的小貼紙，我叫他把電視關掉去看書，回我說今天是愚人節所以我　定是在開玩笑，我真正的意思是叫他一整天看電視不要看書！何況下禮拜就是復活節假期了！

　　他爸拍拍他的肩膀：「你沒聽新聞嗎？剛才教育部長出來說，為了抗疫，全國各級學校今年的復活節假期都取消，學生在家在繼續遠距教學和作功課！」

　　猩哥（晴天霹靂）：「不可能吧！為什麼？！」

　　米線：「啊不然你寧願暑假繼續上課嗎？」

　　猩：「不想，但復活節假期也不想。」

　　米線：「反正你哪裡也不能去！」

　　猩（要哭的樣子）：「天啊！天啊！」

　　今天。早上九點他正準備上線，中文老師要給他們線上教學。一面嘀咕。

　　米線又過來拍拍他的肩膀：「昨天是什麼日子？」

　　猩：「愚人節。」

　　米：「所以教育部長是開玩笑的，你還是可以放假啦！」

　　連我都信了！

封城中，街上
連隻貓也沒有！

多麼希望這只是
一個不高明的愚人節玩笑.

米線在網上買了牙膏牙刷，過了很久，終於送來。送貨員在樓下打電話讓他下去取貨，他急忙套上皮鞋，也來不及換外出服，也沒戴口罩，就下樓去了，我急忙在他後面叮嚀不要碰樓梯扶手。

　　過一會他上來，我連忙取出酒精將整個包裹噴過一遍，一邊問：「你沒接觸到他吧？」

　　米線：「怎麼沒有？！我還親了他一下，謝謝他幫我們送牙膏來耶！」

| 四月五日 |

　　每天可以外出一小時，活動範圍以住家方圓兩公里內為限。

　　昨日出去散步，鳥語花香，到處都是花粉，幸好今年我有口罩。經過一座破舊小屋，旁邊一幅很大的看板上寫著「平等之春」。

　　什麼樣的平等？我邊走邊想。

菲利普場的桃花源

這幾天外出散步，都往菲利普場的方向走，那一頭的人比市中心少多了。菲利普場據說從前是法王菲利普二世的獵場，因而得名。現在則是一個有點淒涼的工業區。

一般我們很少往那頭去，那邊沒什麼住家，更沒有店，一條數公里長的大馬路，兩邊大多是辦公室、倉庫、國鐵的維修場和長滿雜草的空地。一個讓人很難產生美感的地方。

米線聽我說都到那裡去走動，覺得不可思議。我主要的理由是，沿著大馬路走到盡頭再走回來，剛好一個小時。路上皆無人，連停在路旁那些動彈不得的汽車上都覆滿了落花，陽光從梧桐的枝椏間灑下來，很像做夢，偶爾還能遇見了一隻好不容易甩脫皇家獵犬隊圍捕，從中世紀走過來的牡鹿。

一早猩哥眼睛還沒張開便問：「巴巴媽媽今年的復活節鈴噹沒來嗎？」

巴巴：「呃……它們現在要從意大利出境可能有困難……」

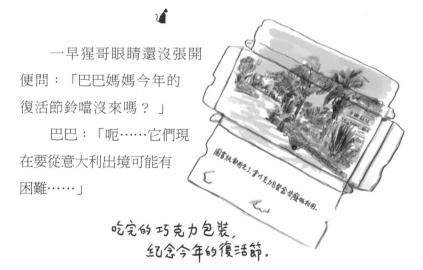

圖畫紙都用光了，拿巧克力包裝盒來廢物利用。

吃完的巧克力包裝，
紀念今年的復活節。

我問猩哥：「現在這種日子你會不會過得很無聊？」

猩：「不會啊！我很多事可以做，我可以畫圖、看書、上網、玩電玩、看電視、彈鋼琴、練習輪流丟三個球、 跳舞、 跟牆說話、跟巴巴和媽媽說話……」

就算封城，街上的花圃還是整理得很漂亮。

｜四月十三日｜

如果不是碰上瘟疫，必須待在屋裡不能出門，每天只可外出一個鐘頭散步，我絕對不會走到這個地方來。也不會發現這棟可愛的小房子。

最先，是屋子旁邊那顆盛開的金合歡吸引了我的注意力。接著是小屋破舊的門戶。乍看之下，我以為這屋子定是無人居住了。但再瞄兩眼，發現屋內竟然點著燈，屋底下的車庫深鎖，車庫前放著好幾大只的回收桶，桶中堆滿塑膠容器。窗玻璃上貼著膠紙，還有一些也許是備忘的便利貼，不細看還以為那是一張臉。

我每次外出散步，經過這棟小屋前面，都會逗留一下，和它作作伴。它的位置大概是我散步路線的中間，這附近的民宅所剩無幾，都拆掉改建工廠或倉庫了。它門口掛著一塊充當門牌的陽春板子，上頭寫着 159。

那天，當我遠遠看見那株金合歡，腳步開始放慢時，小屋的大門竟然咿呀一聲打開了。

「終於可以看看屋主人的模樣！」我的好奇心在歡呼。

但不知為何，當經過屋前時，我並未轉頭過去看，反而是俯首快速通過。透過眼角餘光隱約知道那是位年長的女性，正在將回收垃圾桶拖向門外。

事後我有些後悔，也許我該大方地看過去，甚至隔著一公尺半的距離和她寒暄幾句。這是不好意思的關係嗎？還是我有些作賊心虛，因為我暗暗地在喜歡這座小

屋子，曾在門外流連徘徊，照了它好幾張相，這些也許早已皆被屋主察覺！

還有，在這種時候我的亞洲臉孔會不會讓她感到害怕？甚至排斥？

想起一首歌：

天上的星星，
爲何像人群一般的擁擠？
地上的人們，
爲何又像星星一般的疏遠？

在 google 的街景服務上可以找到這幢小屋過去的影像。它十幾年來都沒變，只有更破舊。我現在看到的糊著紙板的破窗，已經破了四、五年了。有一年，街景服務車經過時，還記錄到一個先生站在門前台階注視的身影，從他的體態來判斷，藏在馬賽克後面的應該是一張經歷過風霜的臉。

另一年，看到一個正在將垃圾桶拉至人行道上的女性身影。有可能就是那天擦肩而過的太太，但背脊沒有那麼佝僂。臉孔同樣被打上馬賽克，所以我還是不知道她長什麼樣子。

我：「你有聽過桃花源的故事嗎？」

猩：「呃……是孫悟空的那個嗎？」

我：「不是，孫悟空的那個叫花果山水濂洞！」

猩：「那我沒有，桃花源是什麼？」

我：「桃花源是陶淵明寫的一個故事。他說有一個武陵人……不是五零，還五百五千咧，是武陵，武功的武，丘陵的陵，武陵人就好比我是高雄人，你是台北人，他是巴黎人的意思……那個武陵人是個漁夫，他有天出去捕魚，迷路了，見到一棵桃樹開滿花，落英繽紛，非常美，然後發現旁邊有個小巖穴，就進去看看，剛進去的時候很窄，愈來愈寬，到最後竟然來到一處很廣闊的平原上，還有村子，有田地，村民都很善良，保持社交距離，老死不相往來，他們養的狗都不會去咬別人養的雞，只會互相汪汪汪和咕咕咕。他們請武陵人去家裏吃飯，跟他說他們的祖先為了躲避秦始皇的暴政，戰火還有冠狀病毒，就跑到這裡來隔離，結果就一直隔離到現在好幾百年了，其實也都不錯，有健保有全民基本收入，地方經濟自給自足，不用全球化，所以沒有解隔離的打算。

「武陵人在他們那邊住了幾天但實在太想唱卡拉OK和喝飲料看Netflix，就跟居民說掰掰，居民跟他說，那你千萬別跟外面的人講我們這裡嘿！武陵人說不會不會。誰知道他到家就馬上找媒體爆料，縣長知道了認為

－落英繽紛 你不覺得這個成語真的很美嗎？

－呃，媽媽，人行道如果禁止玩滑板車，我想划船應該也不行。

這可以規畫成觀光景點，於是組了一支考察團叫武陵人帶路，但武陵人到了那邊找來找去，再也找不到那棵桃樹和入口了。」

猩：「怎麼會？！」

我：「因為桃花源的居民知道武陵人出去一定會爆料，所以連夜趕工改了入口的路線吧！」

猩：「武陵人應該是誤闖異次元空間或多重宇宙。」

|四月二十五日|

宇宙一隅的 C472 號行星

在菲利普場無人的工業區中看到的一棵小樹和它的巨大影子。覺得生命很奇妙。

剛才米、猩二人在我的催促下外出活動。回來說：「往菲利普場方向走，但走到一公里處就回轉了，因為規定不可超過一公里。」

我很興奮：「你有沒有看到我看到的？」

米線：「沒有。」他覺得那個地方真的很醜。

那棵小樹的影子像一隻色彩斑斕的大蝴蝶。

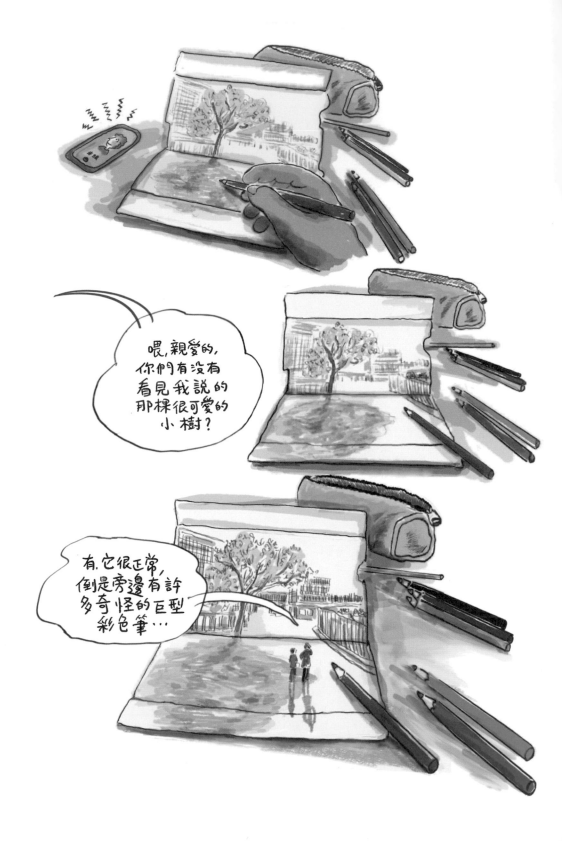

己所不欲，必施於人

共和國大道神祕跳電事件。

昨晚上傳影片到油兔，已經很晚了還沒傳完。我索性讓電腦繼續划，自己先跑去睡，想說半夜再來應該就傳好了再關機。

睡到半夜果然醒來，發現電腦屏幕是黑的，奇怪，我剛才才改了設定不叫它進入休眠模式繼續傳的，怎麼會整個暗掉？

走進浴間要上廁所，按燈不亮。

走到窗邊向外看，街燈都還亮著，我才明白失電的只有我們這戶。

是筆記電腦的關係嗎？

但因為太睏了，沒有多想便回床倒頭又睡。

結果就是今天早上收音機鬧鐘沒響，害米線起晚了，上線打卡延遲。他一邊抱怨一邊四處檢查，也查不出原因。

想來想去只有筆電一直開著這條線索，但筆電怎麼會讓用電超荷？

我回想起來昨夜往窗外看時，外面那種亮晃晃卻一
片死寂的詭異氣氛，可能就是因為這樣的關係；

| 四月三十日 |

港都之夜。

他沿著岸邊已經走了好幾個小時了，一個人影也沒有。第二波疫情又起，政府下令封城，晚上八點以後宵禁，他已經連續一個禮拜都沒喝一口血了，再這樣下去，連吸血鬼都會餓死。

我：「等一下，他怎麼不去 7-11？二十四小時營業。」

米線：「我們這邊沒有小七。」

一輛巡邏警車在他旁邊停下。

「先生您有外出許可嗎？」駕駛座上的那個警員搖下車窗對他說。

他彎下腰往警車內望去，嗯，老警員雖然又乾又瘦，可是他旁邊那個年輕警察胖胖的看起來汁多味美的感覺！

他露出笑容，伸手假裝往懷裏掏：「有，我這就拿給您看!」一面把臉湊上去，正打算張開嘴巴……

「唉！我們剛剛也是以為終於有得吃了。」

對方兩位露出四根尖尖的獠牙，無奈地望著他。

「我覺得他們可以抓蚊子解饞耶！」聽到這裏我忍不住插嘴：「十一月了，晚上還有蚊子叮我，吵得我睡不著。」
被白了一眼。

三隻吸血鬼繼續往前走，看到有個流浪漢裹著睡袋和他的狗坐在街轉角，上前正想暢飲一番，沒想到這傢伙也長了一對獠牙，經濟真的有這麼差嗎？吸血鬼比人多！

看著三條垂頭喪氣走遠的背影，流浪漢摸摸他狗狗的頭，拔下他的萬聖節道具牙齒，總算可以好好地睡頓覺了。

「等一下！你這故事有個很大的bug耶！」我突然想到：「他們怎麼都沒戴口罩？」

米線搔搔後腦勺：「可是吸血鬼故事要戴口罩的話，怎麼演下去？把口罩脫掉再吸這樣？」

「真的耶，自從出門都要戴口罩之後，我對那些第一次碰到的人，譬如水彩課的老師同學，或第一次去看他門診的醫生，都像隔一層，沒有真正見到這人的感覺！」

米線：「搞不好裡面有不少吸血鬼妳也不曉得。口罩解放了他們。」

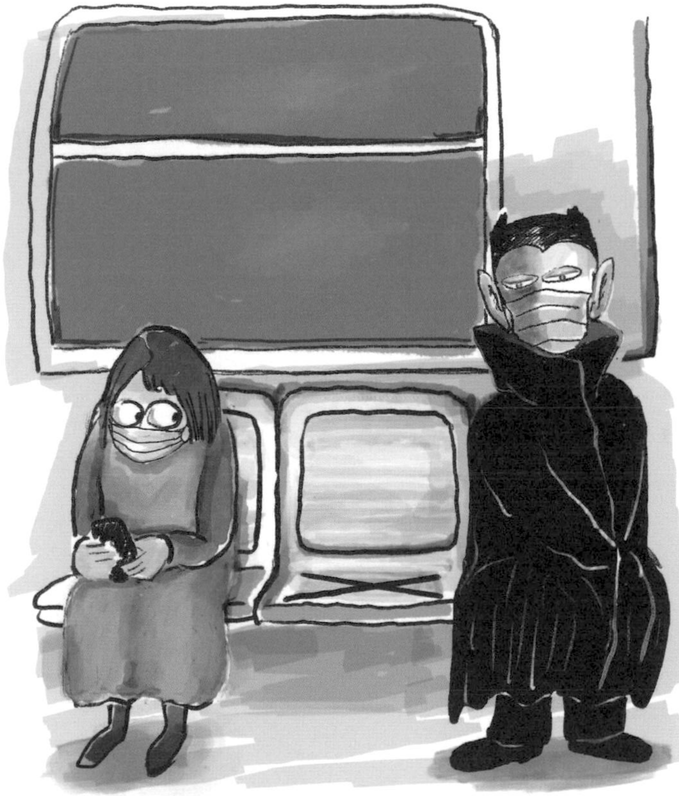

| 六月二十日 |

今天進城，經過羅浮宮。金字塔入口那邊都沒人，地下商店街也沒開。我依稀記得收到一封電郵通知羅浮宮要開了，難道已經開了嗎？

我跟猩哥說：「參觀羅浮宮不趁現在更待何時！」

猩哥哀哀叫：「裡面有一萬個人和一個人對我來說沒差，因為我只想趕快回家！」

小孩子不懂，我才不管他，逕自往倒金字塔入口那邊走。猩哥在後面嘀咕：「跟妳說沒開啦！我不要在一個屋子裏走三個小時腿會斷掉！」

他根本不在乎都沒有觀光客，沒有旅行團，像博物館而不像菜市場的羅浮宮有多難得。也許我們真的可以站得很近去看蒙娜麗莎的微笑？

結果是他對，羅浮宮其實還沒開，我只看到沒有人的倒金字塔。但很值得了。羅浮宮周邊的騎樓商店也都沒開，沒有觀光客，車子比從前少，大家都戴著口罩。但老實說我比較喜歡這樣。一個長得很像安德烈·瑞歐德(演出全遭取消)的小提琴家，在出口那邊拉四季，很飛揚。聽眾是兩個穿著滑輪鞋，坐在旁邊歇腿的年輕人。

疫情爆發之前，我們每個週末都會去參加黃背心的示威遊行⋯

封城之後，在家上班的米線天天在香香食堂包午餐。香香食堂的食材新鮮，料理用心，米線吃得很開心。

今天中午的菜色是烤雞和孔泰起司焗花菜。

米線：「這個雞肉烤得很熟。」

我：「雞肉有人在吃生的嗎？」

米：「雞肉都是吃全熟吧？」

我：「既然全世界的雞肉都要全熟才能吃，所以雞肉烤得很熟算是一個讚美嗎？」

米：「算啊，有的雞肉有烤熟卻很硬。」

我：「而且烤得很熟需要廚藝嗎？把它放進烤箱裡就好了。」

米：「那也得要知道控制火候啊！」

我：「總之，雞肉烤得很熟對我來說不是一個讚美，醬汁弄得很美味才算。」

米：「可是我覺得是！妳哪個時候變得這麼愛找碴？」

我：「我是好心在告知你，稱讚烤雞好吃不能說它烤得很熟。」

米：「……」

吃完烤雞我把剩下的焗花菜端過來：「剩兩朵，你一朵我一朵，不要留到晚上。」

米欣然同意，拿了花菜，又舀了醬汁澆上，問我：「要不要來點醬汁？這個醬汁很美味哦！」

i 生活 26
一個台灣太太的新故鄉狂想曲

法蘭西島漂流記
UNE NAUFRAGÉE EN ÎLE DE FRANCE

作　　者｜米香
封面 & 內文設計｜Wanyun
副總編輯｜林獻瑞　　責任編輯｜李欣蓉　　印務經理｜黃禮賢

社　　長｜郭重興　　發行人兼出版總監｜曾大福
出 版 者｜遠足文化事業股份有限公司 好人出版　新北市新店區民權路 108 之 2 號 9 樓
電　　話｜02-2218-1417#1282　傳真｜02-8667-1065
發　　行｜遠足文化事業股份有限公司　新北市新店區民權路 108 之 2 號 9 樓
電　　話｜02-2218-1417　傳真｜02-8667-1065
電子信箱｜service@bookrep.com.tw　　網址｜http://www.bookrep.com.tw
郵政劃撥｜19504465　遠足文化事業股份有限公司
法律顧問｜華洋法律事務所　蘇文生律師
印　　製｜凱林彩印股份有限公司　電話｜02-2796-3576

初版 2022 年 5 月 5 日　定價 499 元
ISBN 978-626-95972-0-8

讀者回函 QR Code
期待知道您的想法

國 家 圖 書 館 出 版 品 預 行 編 目 資 料
法蘭西島漂流記：一個台灣太太的新故鄉狂想曲/
米香作. -- 初版. -- 新北市：遠足文化事業股份有限公司
好人出版：遠足文化事業股份有限公司發行, 2022.05
面；　公分. -- (i生活；26)
ISBN 978-626-95972-0-8(平裝)
1.CST: 社會生活　　2.CST: 民族文化　　3.CST: 法國
742.3　　　　　　　　　　　　　　　　　111004776